日米比較 憲法判例を考える

【統治編・改訂第二版】

宮原　均

八千代出版

改訂版・統治編へのはしがき

一九九九年に旧版『日米比較 憲法判例を考える』を執筆した動機は、憲法の講義には多様な学生が参加しており、それぞれに関心をもってもらうためには、できるだけ身近な事例・事件を取り上げる必要があると感じたからでした。そこで、判例を整理して憲法の枠に収め、加えて日本国憲法の制定に大きくかかわり、その後も影響を与え続けているアメリカの判例を引用しておきました。当初は、人権編と統治編を同時に刊行する予定でしたが、膨大な数の判例に呆然とすると同時に、自分の研究が及んでいない領域が相当に広いことを思い知りました。そこで、人権編を中心に一冊にまとめ、機会をみて統治編を、と思っているうちに一〇年以上が経過してしまいました。今回、改訂に着手し、二分冊にして人権編を昨年、統治編を今年出版することができましたが、この統治編は改訂版であると同時に内容的にはほとんど新版であるといってよいと思います。

統治編における憲法判例の特徴は、三権分立における裁判所の役割をめぐる議論です。憲法は、立法府および行政府に対して様々なルールを定め、違反があればその是正をはからなければなりません。その際には、裁判所による違憲法令審査権の行使が重要な役割を果たします。しかし、この場合にも、裁判所は、主権者国民の意思が反映されている国会の判断を覆してよいか、また、法的判断とは別世界の専門技術的な問題が密接に関係している場合はどうか、さらには各権力内部の問題には自律を認めるべきである、等々が問題になります。つまり、客観的な憲法の意味を追求すると同時に、三権それぞれの領域に裁判所がどれだけ踏み込むことが許されるかを考えなければならないのです。本書では、こうした三権分立と裁判所の位置づけについて意識してまとめたつもりですが、具体的な基準については十分に言及できませんでした。機会があれば本書に司法審査編を組み込んでこの点をフォローしていきたいと思います。

最後になりましたが、本書の出版を御快諾いただきました八千代出版株式会社・大野俊郎氏に深く感謝いたします。また、校正段階では、今回も深浦美代子氏に大いにお世話になりました。重ねて御礼申し上げます。

二〇一二年八月

宮原　均

統治編・改訂第二版へのはしがき

二〇一二年に改訂版が出版されて以来、早くも八年が経過し年号も改まりました。この間、判例変更も含めて重要な最高裁判例が出されましたので、この度、改訂第二版を執筆することになりました。

本書は、憲法の意味は、具体的な事実に即して判断されなければならず、そのために判例の研究は不可欠であるとし、できるだけ事実関係に詳しく触れながら、主として最高裁の判例を紹介・分析してきました。この方針は、改訂第二版でも変わるところはありません。しかしながら、これらを一定のスペース内に収める必要から、従来よりも判旨を縮小し、あるいは判例の全面的な差替えを行いました。それでも、かなりの増頁になりましたが、司法審査の方法等について新たな章を設け、それにより憲法の考え方を具体的に明らかにすることが容易になったと思います。本書によって、読者の憲法判例の理解が一層深まることを心より期待しています。

最後になりましたが、本書の出版を御快諾いただきました八千代出版株式会社・森口恵美子氏、編集・校正等について同社・御堂真志氏に大変お世話になりました。厚く御礼申し上げます。

二〇二一年一月

宮原　均

日米比較　憲法判例を考える【統治編・改訂第二版】——目次

略語例

本書では、略語が用いられている。たとえば、民集一〇巻一一号一五〇二頁とあれば、最高裁判所民事判例集の該当巻・号・頁を調べれば、その事件の最初の頁を参照できる。また、アメリカの判例についても同様に、たとえば、497 U.S. 62（1990）とあれば、一九九〇年の合衆国最高裁の判例であり、United States Reports の四九七巻六二頁にその事件が掲載されている。

〔日本の判例〕

民　集　最高裁判所民事判例集

刑　集　最高裁判所刑事判例集

集　民　最高裁判所裁判集民事編

判　時　判例時報

行裁集　行政事件裁判例集

〔アメリカの判例〕

U. S.　United States Reports（合衆国最高裁判所の判例）

S. Ct.　Supreme Court Reporter（合衆国裁判所の判例）

第1章　立法

日本国憲法は、四一条から六四条にかけて、立法機関である国会についての規定を置いている。

国会は、全国民を代表する議員が組織し（四三条一項）、衆議院と参議院の二つの議院から構成されている（四二条）。議員の選出方法については、前文の「正当に選挙された国会における代表者」との規定を受けて、「両議院の定数」（四三条二項）、「両議院の議員……の資格」（四四条）、「選挙区、投票の方法その他両議院議員の選挙に関する事項」（四七条）については、法律で定めるとしている。すなわち、これらについては、一応、国会の判断にゆだねるとするのが憲法の趣旨である。しかし、選挙方法のいかんによって、国民の生活や人権に大きな影響が及ぶので、国会の裁量の限界を、いかなる理由からどこに設定するかが課題である。

選挙によって選出された議員は、国民の代表として十分に活動することが期待され、その活動に萎縮的な効果が及ぶことがあってはならない。そのために、各議員には、一般国民とは異なる特権が認められている。国会の会期中は逮捕されないとの不逮捕特権（五〇条）、議院で行った演説等に関しては、院外で責任を問われないとする発言・表決の免責（五一条）が認められている。

さらには、それぞれの議院は、外部からの圧力によってその判断がゆがめられることがあってはならない。そこで、議院には自律権が認められ、これにより、各議院には役員の選任および議院規則の制定が認められ（五八条一・二項）、所属議員の資格および懲罰について議決することが認められている（同条二項）。しかし、この懲罰権の行使等により、特定の議員の身分を、多数決によって喪失させることには問題がある。

国会が、国民の信託にこたえて十分な活動を行うためには、情報が必要であることはいうまでもない。六二条は、各議院に国政調査権を認め、証人の出頭、記録の提出を要求できるとしている。その調査権の範囲および方法に関して、三権分立の観点から検討する必要がある。

国会は、上述の通り主権者国民の直接選挙によって選出された議員によって構成されているため、「国権の最高機関」「唯一の立法機関」との位置づけを与えられている（四一条）。しかしながら、社会の発展・高度化は行政機関の専門性への依存度を高め、このことは国会の果たすべき立法作用においても例外ではなくなってきた。行政による立法の必要性と四一条とをいかに調和するかの問題が提起されている。

第１節　選挙方法等に関する国会の裁量と人権保障

一　選挙区・議員定数と平等

憲法一五条三項は「公務員の選挙については、成年者による普通選挙を保障する。」と規定している。そして、同法四四条は、選挙人の資格に同法一四条一項の平等原則が及ぶことを改めて確認している。これにより、成年者による一人一票のみならず、その投票価値に関しても平等の要請が及ぶとされる。しかし最高裁は、この問題について、平等の視点からのみではなく、選挙制度をいかなるものとするかに関しては、国会にゆだねられていることを強調している。そこで、人権侵害・救済という人権サイドの問題を重視するのか、選挙制度に関する国会の判断を重視するかによって結論が変わりうるのである。

選挙制度に関する国会の裁量と投票価値の平等（最大判昭和五一・四・一四民集三〇巻三号二二三頁）

＊この事件の事実関係および論点については、拙著『日米比較 憲法判例を考える【人権編・改訂第二版】』八〇頁以下参照。

●**判旨**

（1）投票価値の平等と憲法の保障

「平等原理の徹底した適用としての選挙権の平等は……各選挙人の投票の価値、すなわち各投票が選挙の結果に及ぼす影響力においても平等であることを要求せざるをえない……各選挙区における選挙人の数と選挙される議員の数との比率上、各選挙人が自己の選ぶ候補者に投じた一票がその者を議員として当選させるために寄与する効果に大小が生ずる場合もまた、その一場合にほかならない」。

（2）投票価値以外に考慮されるべき要素

「都道府県は……選挙区割の基礎をなすものとして無視することのできない要素であり、また、これらの都道府県を更に細分するにあたつては、従来の選挙の実績や、選挙区としてのまとまり具合、市町村その他の行政区画、面積の大小、人口密度、住民構成、交通事情、地理的状況等諸般の要素を考慮し、配分されるべき議員数との関連を勘案しつつ、具体的な決定がされる……更にまた、社会の急激な変化や、その一つのあらわれとしての人口の都市集中の現象などが生じた場合、これをどのように評価し……議員定数配分にどのように反映させるかも、国会における高度に政策的な考慮要素の一つである」。

（3） 選挙制度における国会の裁量とその逸脱

「結局は、国会の具体的に決定したところがその裁量権の合理的な行使として是認されるかどうかによつて決するほかな［い］……しかしながら、このような見地に立つて考えても、具体的に決定された選挙区割と議員定数の配分の下における選挙人の投票価値の不平等が、国会において通常考慮しうる諸般の要素をしんしやくしてもなお、一般的に合理性を有するものとはとうてい考えられない程度に達しているときは、もはや国会の合理的裁量の限界を超えて……憲法違反と判断するほかはない」。

結局、最高裁は、本件における投票価値の較差五対一は「急激な社会的変化に対応するについてのある程度の政策的裁量を考慮に入れてもなお、一般的に合理性を有するものとはとうてい考えられない」と判断した。

アメリカの判例

投票価値不均衡の問題は、議員定数の配分のみならず、選挙区の定め方によっても生ずるが、特定の候補者の当選等を目的に選挙区の形を操作するものとしてゲリマンダリングがある。一般には、恣意的な選挙方法と考えられるが、差別を受けてきたマイノリティの意見・利益等を国政に反映するために、選挙区の形を工夫すること自体は直ちに否定されるべきものではない、とされる。この人種的ゲリマンダリングについては、前掲の【改訂版・人権編】九七頁以下で紹介してあるが、ここでは政治的ゲリマンダリングの問題を紹介する。

政治的ゲリマンダリングと司法審査の方法（League of United Latin American Citizens v. Perry, 548 U.S. 399 (2006)）

●事実の概要

A州では、三二名の連邦下院議員を選出するため、新たな選挙区割を定める法律を制定したが、これは政治的ゲリマンダリングであり、違憲であるとして訴えが提起された。

この事件の背景について確認すると、一九九〇年の人口調査により、連邦議会におけるA州への議席は、一〇年前よりも三つ増加し三〇議席となった。これまでは、民主党が、州の上・下議院、知事職をコントロールし、連邦議会の二七議席中一九議席を占めていたが、共和党は、全州投票数の四七％を獲得し、民主党は五一％に過ぎなかった。そこで、民主党は、自らの候補者が優位に立つように、コンピュータを駆使し、きわめて複雑な選挙区割により民主党支持者を取り込み、共和党支持者が多数を占める地区については、いくつかの地区に分散させた。

その結果、共和党は二〇〇〇年の全州の選挙において五九％を得票したにもかかわらず、民主党の一七に対して一三しか議席を獲得できなかった。これに対して訴訟が提起され、裁判所は選挙区に関するプランの作成を命じた（Aプラン）。

Aプランのもとで行われた二〇〇二年選挙において、連邦議会の三二議席は一七対一五で民主党が多数を占めた。二〇〇三年、共和党は州の両院ともに多数派となり、議会は新しい選挙区を定めた（Bプラン）。これにより、共和党は民主党の一一議席に対して二一議席を獲得し、全州得票数は民主党の三一％に対して五八％であった。このBプランが憲法、法律に違反するかが問題になった。

●—判　旨

合衆国憲法一条二項は、連邦下院は州の人民によって二年ごとに選出されるとし、同条四項は、下院選挙にあたり、その時、場所、方法は、各州の立法者が定めるが、連邦議会はいつでもこれらを定め、または変更できる、と規定している。そこで、これらの文言から、連邦議員選出の選挙区を定める第一の責任は州が担っているが、連邦議会は、さらなる要件を定めることができ、その結果、一人区を定めてきた。

Bプランは、一〇年ごとの人口調査を待たずに、選挙区を変更したが、憲法も連邦議会もこれを明示的には禁止していない。

このように、選挙区割には議会が、その違憲性については、裁判所が、それぞれ重要な役割を果たす。しかし、裁判所は、立法府の専門知識をもちあわせず、公正で合理的な区割を行うことがむずかしい。何よりも、選挙区割は、共和政体における自己統治に市民が参加できるよう、州が実践する最も重要な行為である。憲法が、選挙区割の責任を、まずもって州の立法者と連邦議会に課している以上、適法に立法された区割（a lawful, legislatively enacted plan）の方が、裁判所が定めた区割よりも優先されるのである。しかし、立法府が不適切な基準に基づいてなした区割を、裁判所は正当化するものではない。

Bプランは、政治的ゲリマンダリングすなわち党派的な目的のみにより導かれているのではなく、民主党の州議員によって要望のあった区割も多く取り入れられている。複数の動機から成っている行為の適法性を評価することはむずかしく、また一つのラベルを貼りつけることも危険である。ましてや、行為者が立法者でもあり、その行為に複数の選択肢がある場合にはなおさらである。

立法者の動機が違法であるということのみにより、その内容を考慮することなく、法律を無効としようとの主張には疑問がある。一〇年ごとの人口調査を待たずに区割を行った、そのことだけで違法な政治的ゲリマンダリングであるとすることもできない。もしも、人口調査の途中での区割が禁止されまたは裁判所による綿密な審査に服するならば、反対派の議員はそのつど法案の成立を妨げようとし、政治的に対立する議員との交渉を行うよりも裁判に訴える途を選ぶことになるであろう。

二　選挙運動と表現の自由

選挙に立候補した者が、自らの考え方を選挙権者に伝えることは、候補者の自己実現のみならず自己統治、主権者国民の知る権利にかかわるきわめて重要なものである。そこで、これを規制する立法に対しては、裁判所は厳格な基準に基づく積極的な姿勢で臨むとするのが憲法二一条の趣旨であると考えられる。しかしながら、公職選挙法等によれば、政見を伝える選挙運動の期間は短く、文書等の配布や戸別訪問等に対しては、かなりの制限がなされている。そして、最高裁は、こうした表現規制立法に対しても、比較的緩やかな基準により、合憲と判断する傾向がある。

こうした審査の姿勢には、当然のごとく批判がなされている。確かに、この問題を人権保障、表現の自由への制約という観点からアプローチした場合には、この批判は当然であるが、統治の仕組みという観点からのアプローチも忘れてはならない。すなわち、主権者国民の代表をいかにして選出し、どのようにその声を国政に反映させるか、そのための制度をいかなるものとするか、の観点も重要である。もちろん、この制度は、国政・選挙・候補者等の情報を、円滑に十分に伝えられるものでなければならないが、候補者の表現の自由の観点からのみ、その正当性を検討すべきではない。そして、その具体的な内容については、国会の判断が重視され、したがって裁判所としてはこれを尊重すべきとするのが憲法の考え方である。憲法四七条は「選挙に関する事項は、法律でこれを定める。」と規定しているのである。

そこでまず、選挙運動期間中の文書図画配布への規制が問題になった事件を紹介しよう。最高裁は、不当な競争がひいては選挙の公正を害するおそれがあり、その防止のために文書の配布等に一定の制限を加えることは公共の福祉に反しない、とする判断を示している。最高裁は、「目的」の正当性を確認する一方で、これを達成するための「手段」との関連性について、かなり緩やかな基準に基づいて審査している。

1　選挙運動期間中の文書図画配布の規制（最大判昭和三〇・三・三〇刑集九巻三号六三五頁）

●判　旨

「憲法二一条は言論出版等の自由を絶対無制限に保障しているものではなく、公共の福祉のため必要ある場合には、その時、所、方法等につき合理的制限のおのづから存するものであることは、当裁判所の判例とするところである……公職選挙法一四六条は、公職の選挙につき文書図画の無制限の頒布、掲示を認めるときは、選挙運動に不当の競争を招き、これが為却つて選挙の自由公正を害し、その公明を保持し難い結果を来たすおそれがあると認めて、かかる弊害を防止する為、選挙運動期間中に限り、文書図画の頒布、掲示につき一定の規制をしたのであつて、この程度の規制は、公共の福祉のため、憲法上許された必要且つ合理的の制限と解することができる」。

選挙の公正を確保するとの目的が正当であることはいうまでもないが、その目的の達成のための手段が表現の自由に影響する場合には、それへの制約は必要最小限度にとどめなければならず、これを審査する裁判所には、LRA（より制限的でない他に選びうる手段の存在）の基準を用いる等の厳格な姿勢が期待されるところである。それにもかかわらず、この事件では、目的と手段の関連性を判断するだけの審査に終わっている。選挙運動期間を短く設定することにより表現の自由に制限が及んだ事件においても、同様の判断が示されている。

2　事前選挙運動の禁止（最大判昭和四四・四・二三刑集二三巻四号二三五頁）

●事実の概要

公職選挙法は、選挙運動は、公職の候補者の届出があった日から当該選挙の期日の前日まででなければすることができないと規定していたが、候補者Aは、立候補の届出がないときから届出までの間に、自己に投票を得る目的で、四〇戸の戸別訪問を行い、選挙運動文書であるパンフレットを手渡すなどしたとして刑事責任を追及された。

●判　旨

「公職の選挙につき、常時選挙運動を行なうことを許容するときは、その間、不当、無用な競争を招き、これが規制困難による不正行為の発生等により選挙の公正を害するにいたるおそれがあるのみならず、徒らに経費や労力がかさみ、経済力の差による不公平が生ずる結果となり、ひいては選挙の腐敗をも招来するおそれがある。このような弊害を防止して、選挙の公正を確保するためには、選挙運動の期間を長期に亘らない相当の期間に限定し、かつ、その始期を一定して、各候補者が能うかぎり同一の条件の下に選挙運動に従事し得ることとする必要がある」。

最高裁が、目的の正当性と手段の必要性・関連性を審査するだけの、いわゆる司法消極主義に基づいて審査を行っている理由は、憲法四七条に由来する立法裁量が行使された選挙に関するルール作りであることを強調しているのが、次の事件において述べられた伊藤正己裁判官の補足意見である。

3　国会の定める選挙活動と司法消極主義（最三判昭和五六・七・二一刑集三五巻五号五六八頁）

●事実の概要

Aは、立川市議会議員一般選挙に立候補することを決意し、自己に投票を得る目的で、いまだ立候補の届出のない二日間にわたり、一一戸を戸別訪問し、自己に投票するよう依頼した。この行為が公職選挙法に違反するとして第一審において罰金刑を受けたが、Aは憲法二一条等に違反して無効であるとして上告した。最高裁は「右各規定が憲法……二一条……に違反しないことは、当裁判所の判例……の趣旨に徴し明らかであるから、所論は理由がな」い、として退けた。この判決における伊藤裁判官の補足意見は次の通りである。

●伊藤正己裁判官の補足意見

（1）　戸別訪問禁止の根拠

戸別訪問の禁止が憲法に違反しない論拠としてあげられているのは「㈠　戸別訪問は買収、利益誘導等の不正行為の温床となり易く、選挙の公正を損うおそれの大きいこと、㈡　選挙人の生活の平穏を害して迷惑を及ぼすこと、㈢　候補者にとつて煩に堪えない選挙運動であり、また多額の出資を余儀なくされること、㈣　投票が情実に流され易くなること、㈤　戸別訪問の禁止は意見の表明そのものを抑止するものではなく、意見表明のための一つの手段を禁止するにすぎない……以上のような諸理由はそれぞれに是認できないものではなく、単に公共の福祉にもとづく制限であるというのに比してはるかに説得力に富むものではあるが……直ちに十分な合憲の理由とするに足りない」。

（2）　選挙運動のルールと立法裁量

「選挙運動においては各候補者のもつ政治的意見が選挙人に対して自由に提示されなければならないのではあ

るが、それは、あらゆる言論が必要最少限度の制約のもとに自由に競いあう場ではなく……定められたルールに従つて運動するものと考えるべきである。法の定めたルールを各候補者が守ることによつて公正な選挙が行われるのであり、そこでは合理的なルールの設けられることが予定されている。このルールの内容をどのようなものとするかについては立法政策に委ねられている範囲が広く、それに対しては必要最少限度の制約のみが許容されるという合憲のための厳格な基準は適用されない……憲法四七条は、国会議員の選挙に関する事項は法律で定めることとしているが……国会は、選挙区の定め方、投票の方法、わが国における選挙の実態など諸般の事情を考慮して選挙運動のルールを定めうるのであり、これが合理的とは考えられないような特段の事情のない限り……尊重されなければならない。この立場にたつと、戸別訪問には……諸弊害を伴うことをもつて表現の自由の制限を合憲とするために必要とされる厳格な基準に合致するとはいえないとしても、それらは、戸別訪問が合理的な理由に基づいて禁止されていることを示すものといえる……戸別訪問の禁止が立法政策として妥当であるかどうかは考慮の余地があるが……その禁止が憲法に反するかどうかとは別問題である」。

このように伊藤裁判官は、候補者が定められたルールを遵守して選挙活動を行うことが公正な選挙につながり、そのルールの内容をいかに定めるかは立法政策にゆだねられる範囲が広いとされている。こうした考え方は、政見放送のあり方を考える場合にも参考になる。公職選挙法は、録画した政見放送をそのまま流し、評価を国民にゆだねるとする一方で、品位を損なう言動を禁止している。この枠からはずれた政見放送を削除することは可能であるかが問題となった。憲法が直接問題になった事件ではないが紹介しておこう。

4　品位を損なう表現と政見放送（最三判平成二・四・一七民集四四巻三号五四七頁）

事実の概要

Aは、参議院議員選挙（比例代表）の際、NHKの放送設備により、その所属政党の政見の録画を行ったが、発言の中の「めかんち、ちんばの切符なんか、だれも買うかいな」という部分が削除されたうえで放送された（本件削除）。放送に先立ち、NHKは自治省行政局選挙部長に対して不穏当な文言のカットの是非を照会し、カットは公職選挙法一五〇条一項の規定に違反しないとの回答を得ていた。同条は「……日本放送協会……は、その政見を録音し又は録画し、これをそのまま放送しなければならない。」とする一方で、同法一五〇条の二は「公職の候補者は、その責任を自覚し、前条第一項に規定する放送（以下「政見放送」という。）をするに当たつては、他人……の名誉を傷つけ若しくは善良な風俗を害し……等いやしくも政見放送としての品位を損なう言動をしてはならない。」と規定している。Aは、本件削除が法一五〇条一項に違反するとして損害賠償の請求を行った。

判　旨

「本件削除部分は、多くの視聴者が注目するテレビジョン放送において、その使用が社会的に許容されないことが広く認識されていた身体障害者に対する卑俗かつ侮蔑的表現であるいわゆる差別用語を使用した点で、他人の名誉を傷つけ善良な風俗を害する等政見放送としての品位を損なう言動を禁止した公職選挙法一五〇条の二の規定に違反するものである……右規定に違反する言動がそのまま放送される利益は、法的に保護された利益とはいえず、したがつて、右言動がそのまま放送されなかつたとしても、……法的利益の侵害があったとはいえない」。

法廷意見は、法律が設定した枠、つまり選挙のルールを重視しているが、政見放送はそのまま流されるべきとの判断をされるのが園部裁判官である。

園部逸夫裁判官の補足意見

「〔法は〕政見放送としての品位の保持を候補者自身の良識に基づく自律に任せ、他方において、候補者の政見放送の内容については、日本放送協会……の介入を禁止しているのである。したがって、この限りにおいて、日本放送協会等は、事前に放送内容に介入して番組を編集する責任から解放されている……〔そ〕の役割は、候補者の政見を公衆ないし視聴者のために伝達すること以上に出るものではないと解するのが妥当である……候補者の政見については、それがいかなる内容のものであれ、政見である限りにおいて、日本放送協会等によりその録音又は録画を放送前に削除し又は修正することは、法一五〇条一項後段の規定に違反する行為と見ざるを得ない」。

このように、候補者は一定のルールを遵守し、その枠内での選挙運動を行うことが求められ、そのルールの内容については、裁判所は立法政策を重視し、比較的緩やかな審査を行った。しかし、選挙の公正を実現するためのルールであっても、それが候補者ではなく報道機関にかかわる場合、やや厳格な審査を行っている。

5　選挙運動期間中の報道・評論の規制（最一判昭和五四・一二・二〇刑集三三巻七号一〇七四頁）

事実の概要

Aは、公職選挙法二〇一条の一四所定の機関紙ではなく、かつ、毎月三回以上号を逐って定期に有償頒布していない新聞紙の編集、発行、経営を担当する者であるが、埼玉県議会議員選挙の選挙運動期間中、立候補者の得票数の予想を論じ、彼らを批評した新聞号外二万一三〇〇部を新聞販売業者に交付した。公職選挙法は「新聞紙にあつては毎月三回以上……号を逐つて定期に有償頒布するものであること」（一四八条三項一号イ）に該当しない新聞紙が、「選挙運動の期間中及び選挙の当日当該選挙に関し報道又は評論を掲載したとき」二年以下の禁錮又は一〇万円以下の罰金に処する（同法二三五条の二第二号）と規定しており、Aは第一審で一万円の罰金刑を受けた。Aは、これらの規定が憲法二一条に違反し無効であると主張した。

判旨

「公職選挙法……一四八条三項は、いわゆる選挙目当ての新聞紙・雑誌が選挙の公正を害し特定の候補者と結びつく弊害を除去するためやむをえず設けられた規定であって……公正な選挙を確保するために脱法行為を防止する趣旨のものである……右のような立法の趣旨・目的からすると……選挙に関する『報道又は評論』とは、当該選挙に関する一切の報道・評論を指すのではなく、特定の候補者の得票について有利又は不利に働くおそれがある報道・評論をいうものと解する……右規定の構成要件に形式的に該当する場合であっても、もしその新聞紙・雑誌が真に公正な報道・評論を掲載したものであれば、その行為の違法性が阻却される」。

三　拘束名簿式比例代表制における政党の自律

国会は、選挙の方法としていわゆる拘束名簿式の比例代表制を導入した。これにより、議員に欠員が生じた場合には繰上げにより補充がなされ、選挙後に除名された者は繰上げの対象にならない。そこで、除名が正しい手続に基づいてなされたかどうかは本人のみならず、選挙制度の観点からも重要な問題である。国会は、この問題については政党の自律を重視し、最高裁もこれを尊重する判断を示している。

政党からの除名と比例代表の繰上げ（最一判平成七・五・二五民集四九巻五号一二七九頁）

事実の概要

参議院（比例代表選出）議員の選挙においては、各政党等があらかじめ届け出た名簿の登載順位によって当選人を決定する、いわゆる拘束名簿式比例代表制がとられ、もしも選挙後において、議員に欠員が生じた場合には、名簿の順位に従い、繰上げ補充により当選人が定められる。そこで、名簿に登載されていたが、党から除名された者については、その旨の届出が、欠員が生じた日の前日までになされているならば、これを当選人とすることができない。

Ａ政党は、平成四年の参議院議員選挙にあたり、候補者と当選の順位を記載した名簿を届け出ており、選挙の結果、第四順位までが当選した。Ａ政党は、第五順位であったＢを翌年六月二三日に除名する届出を行ったが、七月五日公示の衆議院選挙に第一・第二順位の議員が立候補したため、欠員が生じ、第六・第七順位の者が当選人となった。この当選決定が無効であるとして、Ｂが訴えを提起し、原審はこれを認容した。

その理由は、Ａの党則には、所属員の除名について、民主的かつ公正な手続が定められておらず、したがって、Ｂの除名も無効である。さらに、その有効であることを前提になされた本件当選人決定は、その存立の基礎を失い無効となる、というものであった。しかし最高裁はこれを破棄し、Ｂの請求を棄却した。

●――判　旨

「法は……除名を理由として名簿登載者を当選人となり得るものから除外するための要件として……除名届書、除名手続書及び宣誓書が提出されることだけを要求しており、それ以外には何らの要件をも設けていない。したがって、選挙会が当選人を定めるに当たって当該除名の存否ないし効力を審査することは予定されておらず、法は、たとい客観的には当該除名が不存在又は無効であったとしても、名簿届出政党等による除名届に従って当選人を定めるべきこととしている」。

「届出に係る除名が適正に行われることを担保するために、前記宣誓書において代表者が虚偽の誓いをしたときはこれに刑罰を科し……刑に処せられた代表者が当選人であるときはその当選を無効とすることとしている……法が……審査の対象を形式的な事項にとどめているのは、政党等の政治結社の内部的自律権をできるだけ尊重すべきものとしたことによる」。

「政党等の政治結社は、政治上の信条、意見等を共通にする者が任意に結成するものであって、その成員である党員等に対して政治的忠誠を要求したり、一定の統制を施すなどの自治権能を有するものであるから……政党等に対しては、高度の自主性と自律性を与えて自主的に組織運営をすることのできる自由を保障しなければならない……このような政党等の結社としての自主性にかんがみると、政党等が組織内の自律的運営として党員等に対してした除名その他の処分の当否については、原則として政党等による自律的な解決にゆだねられている……そうであるのに、政党等から名簿登載者の除名届が提出されているにもかかわらず、選挙長ないし選挙会が当該除名が有効に存在しているかどうかを審査すべきものとするならば、必然的に、政党等による組織内の自律的運営に属する事項について、その政党等の意思に反して行政権が介入することにならざるを得ない」。

アメリカの判例

選挙に関しては、その資金面に関する規制も行われている。アメリカでは、選挙に関する支出と寄付とを区別し、前者に対する規制は表現への直接規制であるとするのに対して、後者は、言論内容を含めたその他の要素への支持であるというとらえ方がされている。この違いはそれぞれの規制立法に対する裁判所の審査基準に影響している。

選挙の際の候補者への寄付金額の規制（Nixon v. Shrink Missouri Government PAC, 528 U.S. 377（2000））

事実の概要

Ａ州は、選挙に際しての候補者への寄付金の額を一〇〇〇ドル以下とする法律を定めたところ、Ｂ政治活動団体等が、この法律は修正一条および一四条に違反しているとして、その執行の差止めを求めた。

原審は、厳格な審査基準で臨むべきとし、州は、やむにやまれぬ利益があることと、寄付金の制限は、この利益を得るために狭く定められたことが証明されなければならないとした。そのうえで、本件でのやむにやまれぬ政府利益は、候補者が巨額の選挙資金の寄付を受けることによって生じる汚職を避けることであるが、この利益は厳格審査をパスするには不十分である。なぜなら、法律で制限しているよりも多額の寄付がなされた場合、どのような問題が生じてくるのかを証明することが必要だからである、とした。しかし、最高裁は、原判決を破棄した。

判　旨

選挙に関する支出制限と寄付制限とは区別して考えられている。前者は言論への直接の制約となるが、後者においては、寄付者の表現に対する間接的な制約にとどまっている。寄付は、候補者およびその見解への一般的な支持表明であり、その支持の根底にあるものを伝達しているわけではない。寄付金の額が増えるとともに伝達される意思の量が増えるわけではない。寄付金の額への制限は、寄付者の政治的コミュニケーションに直接的な制約をほとんどもたらさない。

政治的寄付のすべてが賄賂であるとは、法もモラルもみていないが、公職の候補者に対して巨額の個人的な寄付を行うことには汚職が内在しているとの認識がなされている。民主主義が機能するのは、統治する者への人民の信頼がある場合のみである。この信頼は、上級公務員が不正・汚職の疑いを受ける行為を行うならば、みじんに打ち砕かれてしまうのである。

第２節　議員の特権

各議員には、一般国民とは異なる特権が認められている。一つは不逮捕特権であり、もう一つは院内における発言・表決に対する院外での免責である。いずれも、議員の活動が違法・不当に制約され、萎縮させられないことが、主権者国民の利益にかなうという観点から認められたものであり、議員を個人として擁護するためのものではない。

一　不逮捕特権

憲法五〇条は「両議院の議員は、法律の定める場合を除いては、国会の会期中逮捕されず、会期前に逮捕された議員は、その議院の要求があれば、会期中これを釈放しなければならない。」と規定している。逮捕権の濫用により、議院の議決に不当な影響を及ぼそうとした歴史的な背景に基づくとされている。ただし、この特権も絶対ではなく、法律による例外を憲法自らが認め、これを受けて、国会法（法）三三条は、「各議院の議員は、院外における現行犯罪の場合を除いては、会期中その院の許諾がなければ逮捕されない。」としている。

この規定により、議員の逮捕が許されるのは、①院外での現行犯および②院による逮捕の許諾の二つの場合である。②に関して、条件・期限つき逮捕許諾が認められるかについて議論がある。まず、議員の逮捕については、裁判所が逮捕令状を発する前に、内閣に要求書が提出され、これが受理されると、要求書の写しを添えて院の許諾を求めることになる（法三四条）。この場合、院は、不当逮捕の有無のみから許諾の可否を判断すべきなのか、それとも、審議過程への影響等を考慮して判断を行うことが許されるのか、議論があり、期限・条件つき逮捕許諾は後者の立場と結びつくことになる。学説は対立しているが、前者に立つ裁判例があるので、参考までに紹介しておく。

国会議員の期限つき逮捕許諾（東京地決昭和二九・三・六判時二二号三頁）

●事実の概要

衆議院はA議員への贈賄の罪に関する逮捕を、期限を付して許諾し、逮捕状は即日執行された。その後、地方裁判所は、検察官からの請求に基づき、Aに対して勾留状を発し、即日執行されたが、これには何らの期限も付されていなかった。そこで、Aは、裁判所は、衆議院の期限つき逮捕許諾に応じて、期限つき勾留状を発すべきであるとし、期限を付さなかった勾留裁判の取消を求める準抗告の申立てを行った。東京地裁は申立てを棄却した（確定）。

●判　旨

「議員に対しては一般の犯罪被疑者を逮捕する場合よりも特に国政審議の重要性の考慮からより高度の必要性を要求することもあり得るから、このような場合には尚これを不必要な逮捕として許諾を拒否することも肯認し得るけれども、苟も右の観点において適法にして且必要な逮捕と認める限り無条件にこれを許諾しなければならない。随つて議員の逮捕を許諾する限り右逮捕の正当性を承認するものであつて逮捕を許諾しながらその期間を制限するが如きは逮捕許諾権の本質を無視した不法な措置と謂はなければならない」。

二　議員の発言・表決の免責

憲法五一条は「両議院の議員は、議会で行つた演説、討論又は表決について、院外で責任を問はれない。」と規定している。議員の、国会における言論を最大限に保障し、萎縮することなくその職務を全うできることを目的としている。しかし、その発言が国民のプライバシーを侵害した場合にも、議員には絶対的な免責が及び、被害者である国民は五一条に阻まれて、一切裁判上の救済を受けることができないのかという問題が提起された。

議員の委員会での発言と国民のプライバシー侵害（最三判平成九・九・九民集五一巻八号三八五〇頁）

●事実の概要

A議員は、衆議院社会労働委員会の委員であるが、その委員会の議題であった医療法の一部を改正する法律案の審議に際して、B病院の問題を取り上げた。すなわち、B病院のC院長は女性患者に破廉恥な行為を行い、常時薬物を服用するなど通常の精神状態ではない。このような医師への行政のチェックが不十分ではないか等の発言を行ったところ、翌日、C院長が自殺したためその妻が損害賠償請求を行ったという事件である。

札幌地裁は、「憲法五一条は……議会における議員の言論の自由を最大限保障するために……他人の名誉・プライヴァシーを侵害することによる責任を含め、議員の議会内における言論に基づく一切の法的責任を免除したものである」とし、A議員個人を被告とする請求を棄却した。控訴も棄却された。

最高裁は、そもそも加害公務員は、被害者との関係では賠償責任を否定されているので、A議員を被告とする賠償請求に関しては、その発言が憲法五一条によって免責されるべきかどうかの議論を行うまでもなく、理由がない、とした。しかし、最高裁は、国を被告とする国家賠償請求に関しては以下の通り判示している（被告は国であるが、代位責任を負うとされ、したがって、A議員の行為が不法行為にあたるかどうかが審理の対象となる）。

●──判　旨

「国会議員は、立法に関しては、原則として、国民全体に対する関係で政治責任を負うにとどまり、個別の国民の権利に対応した関係での法的義務を負うものではなく、国会議員の立法行為そのものは、立法の内容が憲法の一義的な文言に違反しているにもかかわらず国会があえて当該立法行為を行うというごとき、容易に想定し難いような例外的な場合でない限り、国家賠償法上の違法の評価は受けない」。

「国会議員が、立法……に関する調査の過程で行う質疑、……等……は、多数決原理により国家意思を形成する行為そのものではなく、国家意思の形成に向けられた行為である……しかしながら、質疑等は、多数決原理による統一的な国家意思の形成に密接に関連し、これに影響を及ぼすべきものであり……質疑等においてどのような問題を取り上げ、どのような形でこれを行うかは、国会議員の政治的判断を含む広範な裁量にゆだねられている事柄とみるべきであって、たとえ質疑等によって結果的に個別の国民の権利等が侵害されることになったとしても、直ちに当該国会議員がその職務上の法的義務に違背したとはいえない」。

最高裁は、まず、立法行為は、多数決原理による国家意思の形成であり、国民全体に対する政治責任を負うのが原則であり、議員による質疑等はこの立法行為そのものではないが、これに密接に関連し影響を及ぼすものであると位置づけ、政治的判断を含む広範な裁量が議員に認められるとしている。

A議員の質疑等に五一条の免責特権が及ぶのか否かについて最高裁は明らかにしていないが、上述のごとくこの点は加害公務員に被告適格が存在しないことを前提に、国家賠償法の解釈適用の問題として、判断が示されている点に注意する必要がある。

アメリカの判例

合衆国憲法一条六節一項は「……両議院の議員は……議院で行った発言または討論について、院外で責任を問われない。」と規定している。しかし、日本と同様に、議員の院内発言が、一般人のプライバシーを侵害したとして問題になった事件において、最高裁は、議員への免責を重視する判断を示している。しかしながら、その一方で一般人のプライバシーへの配慮もなされ、免責の及ぶ範囲を立法過程における発言等に限定し、これからはずれる活動に関しては、裁判所による救済を認めようとしている。

1 国会議員の院内発言とその公表行為による国民のプライバシー侵害（Doe v. McMillan, 412 U.S. 306 (1973)）

●事実の概要

下院は、A委員会に対して、ある地区の行政機構の組織、運営その他すべてに関して調査する権限を認めた。その調査結果は四五〇頁の報告書にまとめられ、政府の印刷局によって印刷・配布されることになった。しかし、その報告書の中には、問題を抱えながら十分な対応がとれない学校およびその生徒たちの名前、欠席状況、テスト、懲戒についての記録が含まれていた。そこで、親たちが、Aのメンバー等を被告として、これら文書配布の差止めを求めて訴えを提起した。

最高裁は、Aのメンバーである議員が報告書を編集し、下院に提出したことは立法行為であり、発言免責条項により絶対的に免責されるが、その文書を一般に配布する行為は、立法過程とはいえず、これに携わった者に発言免責条項は及ばないとした（もっともこれらの者は、公務員への免責理論によって保護される、とした）。

●—判　旨

行政部からの圧力と司法部による責任追及から立法部を守るために、院内における言論については、いかなる場合においても責任を問われないとするのが憲法の規定である。本件において、委員会に資料を提出し、これを公表することに賛成した議員の責任を追及することができないことは明らかである。これらは立法上の行為(legislative acts)にあたり、免責特権が及ぶ。

もっとも、委員会のヒアリングは、立法過程の一部であるが、ここで提出された資料を、私的に公表することに対しては、この発言免責条項の保障は及ばない。議会の活動を一般公衆に伝えることが重要であることに疑いの余地はないが、そのこと自体が、立法過程として思慮深く討論を重ねるプロセスの不可欠な部分であるかについては疑問がある。議会は、いつでも資料を利用し、考察することができる、ということと、それらを一般公衆に自由に公表することとは別問題である。委員会の報告書が印刷されて内部的に配布されている限りにおいては、この活動は一切抑制されてはならないが、議会を越えて一般公衆に配布されることには免責は及ばない。

このように、最高裁は、院内での発言と院外への公表を区別し、免責は立法過程に限定され、したがって後者にはこれが及ばないとし、一般人のプライバシー侵害の問題に救済を与えようとした。巧妙な論理であるが、院内と院外の公表を区別することにどれだけ意味があるのか、三権分立の観点からも疑問視する個別意見が付されている。

●—レンキスト裁判官の一部同意、一部反対意見

多数意見は、委員会資料を公衆に公表する場合には、議員の責任を追及しうるとしている。三権分立の考え方からすれば、本件において一切の差止め判決は認められるべきではない。多くの傍聴者や報道陣の前で資料を読み上げる行為と、その資料を一般公衆に配布する行為との違いは、議事堂の中でなされたかどうかだけである。

●ブラックマン裁判官の一部同意、一部反対意見

議会内で行われていることを一般公衆に伝えることは、実効性のある議会を形成するために不可欠なことである。この機能を制限してしまう最高裁の判断は三権分立に違反する。正式に認められた調査が行われ、編集された報告書を公表・出版することと、情報を収集し、記述し、その公表に賛成することとの間に違いはない。院外への公表は、一般人のプライバシーのみならず国防秘密の暴露の場合にも問題になる。最高裁は、同様に、院外への公表は立法過程にあたらないとして、これを免責することには消極的な判断を示している。

2　議員の免責特権の範囲―国防秘密の私的公表行為―（Gravel v. United States, 408 U.S. 606（1972））

●事実の概要

Aは、上院の委員会でいわゆるペンタゴン・ペーパー（ベトナム政策における合衆国の判断過程史を記録する防衛省の秘密文書）の要旨を読み上げ、さらに、その全内容をB出版社から出版しようとした。大陪審は、ペンタゴン・ペーパーの公表は、国防上の秘密を収集・伝播させる犯罪にあたるとの理由から調査を開始した。そしてC補佐官を召喚しようとしたが、この手続に参加したAは、この召喚に反対した。

●判　旨

Aが、B出版社とともにペンタゴン・ペーパーの内容を出版しようとしたことは、発言免責条項によっては保護されていない。発言免責条項は、立法領域（legislative sphere）を越えて保障は及ばない。議院内での発言または討論以外では、委員会や本会議における、熟慮とコミュニケーションのプロセスの重要な部分に保障が及ぶのである。本件では、AがB出版社の協力を得て、私的な出版を行おうとしているのであるが、これは決して、上院の審議にとって本質的なものではない。議院も委員会もこの出版を命令もしていないし承認もしていない。し

たがって立法のプロセスの一部とはいえない。

多数意見は、免責特権の範囲を絞り、院外への公表行為はこの対象ではないとしている。しかし、議員の院外への公表行為は免責条項ではなく、表現の自由条項によって別途、守られるとの議論もなされている。

●ダグラス裁判官の反対意見

Aによる出版は、いわゆるベトナム戦争に関して、行政部が秘密に行っていた事項を一般公衆に知らせるための一つの手段である。政府内で生じたことを見聞きし、これを伝えていくことは議員の適切な義務である。議会の情報提供機能は、立法機能よりもさらに重視されるべきである。

第３節　議院の自律

国会が国民の信託にこたえ十分な活動を行うためには、外部からの、とりわけ行政・司法部からの干渉を受けることがあってはならない。憲法は、各議院に対して、規則制定、議員の資格争訟、懲罰等について判断する権限を認めている（同五五条、五八条）。このことは、一定の問題について議院に自律を認め、裁判所による介入は認められないことを意味している。

1　参議院の議決の効力と司法審査――新警察法無効事件――（最大判昭和三七・三・七民集一六巻三号四四五頁）

●事実の概要

昭和二九年六月三日、衆議院の議場は議員の乱闘により大混乱となり会議を開くことができず、衆議院議長は議場に入れないにもかかわらず議長席後方のドアをわずかに開けて「二日間延長」と叫び、これを聞いた議員が拍手した。これにより、会期二日間の延長の議決があったとされ、新警察法は審議・可決された。そして、大阪府議会は、新警察法に基づいて警察費を追加予算の中に計上したところ、前提となる新警察法の無効を理由に違法な公金支出であるとして、訴えが提起された。

判旨

「[警察] 法を議決した参議院の議決は無効であつて同法は法律としての効力を生ぜず……というのである。しかしながら、同法は両院において議決を経たものとされ適法な手続によつて公布されている以上、裁判所は両院の自主性を尊重すべく同法制定の議事手続に関する所論のような事実を審理してその有効無効を判断すべきでない」。

このように、国会には一定の範囲で自律が認められるが、地方議会に関してはこれに相当する規定は憲法上、定められていない。しかし、地方自治の本旨に基づき、住民の直接選挙による議員によって構成される議決機関という点から、その自律も一定範囲で認められるべきである。最高裁は、これを「自律的な法規範を持つ社会」と位置づけ、たとえ法律上の争訟が提起されていても、その解決は自治的措置にゆだね、裁判所による介入を行わない場合があることを認めている。議員の懲罰と自律が問題になった事件を紹介する。

2　自治体議員への出席停止懲罰と裁判権（最大判昭和三五・一〇・一九民集一四巻一二号二六三三頁）

事実の概要

五つの村が合併し、その村役場の位置を定める条例（条例）について賛否がわかれ、議会内の賛成派が反対派を切り崩すため、反対派の議員二名に対して、彼らは、かつては合併推進委員であったのに条例の制定に反対し、議事を混乱させているとし、三日間の議会への出席停止を可決した。そして、議員二名を退席させたうえで、条例を成立させた。この議員二名は、この懲罰決議は、懲罰に名を借りた反対派の表決権行使の封殺である等と主張し、無効であるとの確認を求めて訴えを提起した。

●――判　旨

「司法裁判権が……一切の法律上の争訟に及ぶことは、裁判所法三条の明定するところであるが、ここに一切の法律上の争訟とはあらゆる法律上の係争という意味ではない……事柄の性質上司法裁判権の対象の外におくを相当とするものがあるのである。けだし、自律的な法規範をもつ社会ないし団体に在つては、当該規範の実現を内部規律の問題として自治的措置に任せ、必ずしも、裁判にまつを適当としないものがある……本件における出席停止の如き懲罰はまさにそれに該当する」。

「昭和三五年三月九日大法廷判決―民集一四巻三号三五五頁以下―は議員の除名処分を司法裁判の権限内の事項としているが、右は議員の除名処分の如きは、議員の身分の喪失に関する重大事項で、単なる内部規律の問題に止らないからであつて、本件における議員の出席停止の如く議員の権利行使の一時的制限に過ぎないものとは自ら趣を異にしている」。

この最高裁の判断で注目すべきは、自律にゆだねられる事項は、議会内部にとどまるものに限定され、その判断が外部に及ぶ場合は司法審査の対象になるとし、その例として議員の身分を喪失させる場合を掲げている。しかし、議員に対する懲戒について、出席停止と除名とを区別することなく、ともに司法審査の対象にならない、とするのが田中耕太郎・斎藤悠輔・下飯坂潤夫の三裁判官の補足意見である。「多数意見のように、除名と出席停止とを区別して考えるべきではなく、両者はともに裁判権の対象の外にある」とする。

逆に、河村大助裁判官の意見は、いずれの懲戒も法律上の争訟にあたるとしている。「地方議会議員の懲罰決議は……議員としての報酬、手当、費用弁償の請求権等に直接影響する……単なる議会の内部規律の問題に過ぎないものと見るべきではなく、裁判所法三条の『法律上の争訟』として司法審査の対象になり得る……このことは、その懲罰処分が除名処分であると出席停止の処分であるとにより区別される理由はない。けだし残存任期一ぱいの出席停止ということもないとはいえず、実質的には除名処分と異らない場合もあり得るのみならず、停止の期間が短いからといつて訴訟の対象にならないと解すべきではないからである」。

同様に、奥野健一裁判官の意見も「地方公共団体の議会のした議員除名の懲罰議決が裁判所の裁判の対象となることについては既に当裁判所の屢次の判例の示すところであり、懲罰議決が議員の除名処分であると出席停止の処分であるとによつて区別すべき理論上の根拠はない」とされている。

このように、地方議員への懲罰としての出席停止に関しては対立があったが、最高裁は、判例変更により、この問題が司法審査の対象となると判断した。

3　最大判令和二・一一・二五（平成三〇年（行ヒ）第四一七号）

● 事実の概要

A市議会議員は、海外渡航のために、市議会の委員会を欠席した。そこで、市議会はAに対して、上記の欠席について公開の議場における陳謝の懲罰を科し、Aはこれに従って陳謝文を読み上げた。被上告人は、Aと同一会派に属する議員であるが、後日の委員会において、Aが謝罪文を読み上げたことは事実であるが、その内容が事実であるとは限らない、読み上げなければ次の懲罰があるため、政治的妥協をはかった、との趣旨の発言をした（本件発言）。市議会では、本件発言について、被上告人に対して二三日間の出席停止の処分（本件処分）をし、二三日分に相当する二七万八三〇〇円を減額した議員報酬を支給した。

そこで、被上告人は本件処分の取消し等を求めて訴えを提起した。第一審は、訴えは不適法と判断したが、原審は、出席停止の懲罰が議員報酬の減額を伴う場合には司法審査の対象になるとした。最高裁は最大判昭和三五年一〇月一九日及びその他の判例を変更した上で、上告を棄却した。

●──判　旨

「普通地方公共団体の議会は……議員に対し、議決により懲罰を科することができ……懲罰の種類及び手続は法定されている……出席停止の懲罰を科された議員がその取消しを求める訴えは、法令の規定に基づく処分の取消しを求めるものであって、その性質上、法令の適用によって終局的に解決し得る」。

「憲法は……いわゆる住民自治の原則を採用し……議会は……住民の代表である議員により構成され……議会の運営に関する事項については、議事機関としての自主的かつ円滑な運営を確保すべく、その性質上、議会の自律的な権能が尊重される……議員に対する懲罰は、会議体としての議会内の秩序を保持し、もってその運営を円滑にすることを目的として科される」。

「出席停止の懲罰……が科されると、当該議員はその期間、会議及び委員会への出席が停止され、議事に参与して議決に加わるなどの議員としての中核的な活動をすることができず、住民の負託を受けた議員としての責務を十分に果たすことができなくなる……その適否が専ら議会の自主的、自律的な解決に委ねられるべきであるということはできない……［その］の適否は、司法審査の対象となる」。

この判決は、地方議会による議員への出席停止が司法審査の対象になることを確認したものであり、具体的な懲罰の内容が違法であるかどうかは別問題である。そしてこの点についての司法判断については、地方議会の裁量が重視されるべきことを確認しているのが宇賀克也裁判官の補足意見である。

宇賀克也裁判官の補足意見

「憲法三二条により国民に裁判を受ける権利が保障されており、また、法律上の争訟について裁判を行うことは、憲法七六条一項により司法権に課せられた義務である……司法権の対象外とするのは、かかる例外を正当化する憲法上の根拠がある場合に厳格に限定される」。

「地方議会については、憲法五五条や五一条のような規定は設けられておらず、憲法は、自律性の点において、国会と地方議会を同視していない……住民が選挙で地方議会議員を選出し、その議員が有権者の意思を反映して、議会に出席して発言し、表決を行うことは、当該議員にとっての権利であると同時に、住民自治の実現にとっても必要不可欠である……地方議会議員を出席停止にすることは、地方議会議員の本質的責務の履行を不可能にするものであり……有権者の意思の反映を制約するものとなり、住民自治を阻害する」。

「懲罰の実体判断については、議会に裁量が認められ、裁量権の行使が違法になるのは、それが逸脱又は濫用にあたる場合に限られ、地方議会の自律性は、裁量権の余地を大きくする方向に作用する」。

アメリカの判例

アメリカにおいても、議員の懲罰等に関し、裁判所による審査・救済が可能であるか、議論がある。合衆国憲法一条五節一項は「両議院は、各々その議員の……資格に関して裁判を行う。」と規定し、同節二項は「両議院は、各々……秩序を乱した議員を懲罰し、またその三分の二の同意により、議員を除名することができる。」としている。最高裁は、議員資格を問題とする手続と懲罰手続とは、憲法上も明確に区別されており、いずれの手続に基づいて結論が示されたかについては、憲法解釈の問題として裁判所の審査が及ぶと判断した。

議員の懲罰・資格争訟と司法審査（Powell v. McCormack, 395 U.S. 486（1969））

事実の概要

A下院議員に対して、旅費等に関する不正な支出を理由に調査が開始された。この問題を調査する委員会では、Aの年齢、市民、居住等の議員資格（「二五歳に達していて、七年間合衆国市民であって、選挙されたときに選出された州の住民でなくてはならない」一条二節二項）、および、除名その他の懲罰（一条五節二項）について調査対象とした。委員会では、Aの議員資格は存在するとしたが、違法な支出を行ったことについては肯定し、四万ドルの罰金と年功権の剝奪を下院に勧告した。下院ではこの勧告に修正がなされ、Aの議員資格の不存在を確認（exclusion）し、Aの選挙区の議席に空席があると通知する旨の決議を行った。Aはこの決議の執行を差し止める等の訴えを提起した。

これに対して、下院は、議員資格欠如の判断は議員の三分の二以上で可決され、そして一条五節は、三分の二の決議によれば議員を除名（expulsion）できることが規定されている。そこで、いかなる理由によっても、三分の二の議決があれば下院はその議員を除名できるから、Aについては資格不存在ではなく、除名とみなされるべきであると主張した。すなわち除名の権限は、資格不存在の確認の権限を含むものであり、さらに、一条五節により、Aの議員資格を判断する権限は下院にゆだねられている、とした。

判旨

当裁判所が最初に判断しなければならないのは、この問題は、憲法の文言上、政治部門に、明らかにゆだねられているのか、また、その委託の範囲はどこまでなのか、についてである。ある問題について、憲法によって政府の他の部門に解決がゆだねられているのかどうか、または、この部門の活動が、ゆだねられた権限を越えてしまったのかどうかは、デリケートな憲法問題であるが、憲法についての最終的な解釈者である最高裁の責任にゆだねられている。最高裁は一条五節の意味するところとして、憲法によって明文で定められた要件を満たし、適法に選出された議員を、議員資格欠如とする権限は下院に認められていないと結論する。

第4節　国政調査

憲法六二条は「両議院は、各々国政に関する調査を行ひ、これに関して、証人の出頭及び証言並びに記録の提出を要求することができる。」と規定している。これを受けて国会法は一〇三条から一〇六条において、両議院は調査のために議員を派遣でき、また官公署その他に報告・記録提出を義務づけるなどとしている。さらに、議院における証人の宣誓及び証言等に関する法律一条によって、証人の出頭、証言、書類提出を義務づけ、正当な理由なくこれらを拒否しまたは偽証した場合には刑罰を科している。

このように、刑罰を背景に強制的に情報収集を行うことを両議院に認めているが、その調査権の行使が、司法権の独立を侵害するかが問題になった事件がある。

昭和二四年三月、参議院法務委員会は、A事件において裁判所がなした事実認定および量刑が失当であると決議した。最高裁は、これら調査・決議は、国政調査権の範囲を逸脱した違法の措置である、との申入れを行った。これに対して、参議院法務委員会は、最高裁が裁判以外において憲法問題について意見を述べることは越権行為である、国政調査権は独立の権能であり、司法権の独立を侵害していない、との声明を出したが、以後はこの種の調査を自粛している。

アメリカの判例

委員会による思想の調査と証言拒否（Watkins v. United States, 354 U.S. 178（1957））

●事実の概要

Aは、対米敵対活動を調査する下院の委員会において、証言を求められ出頭した。委員会は、Aの労働組合における活動について質問し、満足のいく供述を得た。しかしながら、Aは、ある特定の人物が過去において共産党のメンバーであったかどうかについての証言を求められたが、これを拒否した。そのために、Aは、執行猶予つきの有罪判決を受けた。原審はAの有罪を支持したが、最高裁はこれを破棄し、差し戻した。

●判　旨

議会の調査権限は、立法過程において固有のものであり、広範に及ぶ。現行法律の執行状況、立法の提言、社会経済政治システムの改善、連邦政府の腐敗、非効率・浪費等々に及ぶが、限界がないわけではない。正当理由なくして、個人の私的事項を開示させるという一般的な権限はない。また、議会は、法執行機関でもなければ司法機関でもない。

すべての市民は、議会が、情報に支えられた立法活動を展開していくために必要な事実を認識できるよう、これに協力する義務がある。もちろん、証人の憲法上の権利は、議会においても裁判所と同様に、尊重される。したがって、証人は自己に不利益な証言を強制されず、不合理な捜索・押収を受けず、修正一条の権利も侵害されない。

修正一条は、法または法制定によって自由が侵害されないことを保障している。証人を召喚し、その者の意思に反して、その信条、表現、団体についての証言を強制することは、政府による自由への侵害である。これらを強制的に暴露させ、一般公衆にとって支持されない、憎まれてさえいる問題にかかわっていることが明らかになれば、証人の生活に多大な不利益が降りかかるかもしれない。

対米敵対活動委員会の調査によってもたらされる公的利益は、政府を暴力によってくつがえそうとする情報を得て、適切な安全策を講じようとすることである。しかしながら、委員会に、その活動の方向と焦点とを選択することを認めてしまうならば、議会が望んでいない、または、議会にとって役立たない情報を入手するために、私的な生活の過酷な開示がなされうる。立法に関する具体的な必要性があって、特定の調査を行うとの議院の明確な判断が存在しないならば、憲法上保護された個人の自由を危険にさらすことは許されない。

多数意見は、調査権の行使によって個人の内面の自由が侵害されていることを重視している。確かに、実体的に考察した場合には説得力のある判断である。しかしながら、ここでは、具体的な調査権行使の是非を、裁判所が介入して判断することが果たして許されるかという手続的な考察が求められていたはずである。この点を指摘する裁判官の意見がある。

●——ブラック裁判官の反対意見

委員会において、正当な目的に合致する質問がなされているならば、これに介入することは裁判所の役割ではない。多数意見の考え方は、裁判所を、議会による調査の管理者にしてしまう。

多数意見は、証人に対して、思想およびその仲間等を強制的に開示させることは修正一条に違反し、Aの沈黙の権利が侵害されているとしている。しかし、Aは、実名をあげられた人物を知っているのか、そして、彼が共産党のメンバーであったかどうかを尋ねられているだけである。これへの証言拒絶は、彼のかつての仲間が迷惑を受けないようにすることであって彼自身を保護することではない。他人の権利の援用はできないはずである。

思想の自由は、過去の出来事についての知識を証言しない、ということにまでは及ばない。

第５節　立法権の委任とその限界

憲法四一条は「国会は……国の唯一の立法機関である。」とし、七三条一号は内閣の行う事務として「法律を誠実に執行」することが掲げられている。抽象的な規範である法律を国会が定め、これに現実・具体的な事実を当てはめることによって執行していくことが予定されている。しかし、その一方で七三条六号は「法律の規定を実施するために、政令を制定すること。但し、政令には、特にその法律の委任がある場合を除いては、罰則を設けることができない。」と規定し、内閣に政令を定める権限を認めている。

そこで、ともに規範としての性質をもつ法律と政令との関係が問題になってくる。四一条「唯一の立法機関」、七三条一号「法律を誠実に執行」、同条六号「法律の規定を実施する」との各文言を重視し、また、三権分立からする、立法府と行政府との役割分担を強調するならば、政令は先行する法律の範囲内であることが厳格に求められ、法律の明文による委任の範囲においてのみ、制定が認められることになろう。

これに対して、高度に発達した現代社会において、内閣を頂点とする行政の専門性は、規範制定の場面においても生かされなければならないとすれば、法律による政令の縛りをやや緩めて理解する必要がある。この問題は、法律が政令に委任できる範囲はどこまでであるか、および、法律が委任した範囲を政令が逸脱したかどうか、という二つの問題となって現れる。そして、これらは政令のみならず、規則等の行政機関の定める規範と法律の委任の関係においても問われるのである。

1　行政立法への委任の方法が問題とされた法律の効力──猿払事件──（最大判昭和四九・一一・六刑集二八巻九号三九三頁）

事実の概要

この事件の詳細については六七頁以下に譲り、行政立法への委任の方法に関する条文を確認しておく。国家公務員法一〇二条一項は「職員は、政党又は政治的目的のために、寄附金その他の利益を求め、若しくは受領し、又は何らの方法を以てするを問わず、これらの行為に関与し、あるいは選挙権の行使を除く外、人事院規則で定める政治的行為をしてはならない。」と規定し、これを受けて、人事院規則一四─七第五項三号「特定の政党その他の政治的団体を支持し又はこれに反対すること。」、同規則一四─七第六項一三号「政治的目的を有する……文書、図画［を］……掲示し若しくは配布……すること。」と規定していた。

これらによれば、国家公務員法一〇二条一項は、行政機関である人事院に、規制の対象となる「政治的行為」の内容について全面的に委任しており、許されないとの主張がなされた。

判旨

「政治的行為の定めを人事院規則に委任する国公法一〇二条一項が、公務員の政治的中立性を損うおそれのある行動類型に属する政治的行為を具体的に定めることを委任するものであることは、同条項の合理的な解釈により理解しうるところである。そして、そのような政治的行為が、公務員組織の内部秩序を維持する見地から課される懲戒処分を根拠づけるに足りるものであるとともに、国民全体の共同利益を擁護する見地から科される刑罰を根拠づける違法性を帯びるものである……右条項は……懲戒処分及び……刑罰の対象となる政治的行為の定めを一様に委任するものであるからといつて、そのことの故に、憲法の許容する委任の限度を超えることになるものではない」。

多数意見は、法一〇二条一項のように、規制対象を行政機関に対して全面的に委任することが許されうるとしているが、その根拠と限界は何か、という問いには必ずしもこたえていないように思われる。次の四裁判官の反対意見は「政治的行為」について、公務員関係の規律の対象の場合と刑罰権の対象となる場合とでは、行政機関への委任の内容・範囲に区別があるとしている。

●――大隅健一郎・関根小郷・小川信雄・坂本吉勝四裁判官の反対意見

「当事者の合意に基づいて成立する公務員関係上の権利義務として公務員の政治活動の自由に課せられる法的制限と、一般統治権に基づき刑罰の制裁をもって課せられるかかる自由の制限とは、その目的、根拠、性質及び効果を全く異にする」。

「国公法一〇二条は……禁止行為の内容及び範囲を直接定めないでこれを人事院規則に委任して［いる］……国会が、法律自体の中で、特定の事項に限定してこれに関する具体的な内容の規定を他の国家機関に委任することは、その合理的必要性があり、かつ、右の具体的な定めがほしいままにされることのないように当該機関を指導又は制約すべき目標、基準、考慮すべき要素等を指示してするものであるかぎり、必ずしも憲法に違反するものということはできず、また、右の指示も、委任を定める規定自体の中でこれを明示する必要はなく、当該法律の他の規定や法律全体を通じて合理的に導き出されるものであってもよい」。

「国公法一〇二条一項……は、選挙権の行使の除外を除き、いわゆる政治行為のうち、禁止しうるものとしえないものとを区別する基準につきなんら指示するところはないけれども、国公法の他の規定を通覧するときは……行政の中立性又は……その信頼の保持の目的のために禁止することが必要かつ相当と合理的に認められるものを具体的に特定することを人事院規則に委ねたものと解することができる……委任自体を憲法に違反する無効のものとするにはあたらない」。

「国公法一〇二条一項の規定が、公務員関係上の義務ないしは負担としての禁止と罰則の対象となる禁止とを区別することなく、一律一体として人事院規則に委任し、罰則の対象となる禁止行為の内容についてその基準として特段のものを示していない……無差別一体的な立法の委任は、少なくとも、刑罰の対象となる禁止行為の規定の委任に関するかぎり、憲法四一条……に違反し無効である」。

以上は、行政機関に白紙委任する法律の問題であるが、これとは逆に、法律による具体的な委任はなされているが、その内容を行政機関が誤って受け取って規則を制定しているかが問題となる場合がある。

2 法律による委任の範囲を逸脱した行政立法―監獄法施行規則無効事件―（最三判平成三・七・九民集四五巻六号一〇四九頁）

●事実の概要

Aは、爆発物取締罰則違反等により第一審で死刑の判決を受け、控訴も棄却されB拘置所に勾留されている。Aは、死刑廃止運動に賛同したCの養子となり、CおよびCの長女Dと何回も面会し、さらにDの長女E（小学生）との面会を希望したが、許可されなかった（本件処分）。

その背景として、従来、Bにおいては在監者と幼年者（一四歳未満）との面会をかなり広く認めていたが、特定の事件の支援者らが、子どもを同伴したうえで在監者と接見し、子どもとともに拘置所内でシュプレヒコール等をしたので、これを排除しようとしたところ、子どもの身体に危険が生じたことがあった。そこで、Bは取扱いを改め、幼年者との面会は、実子であること、進学等の子どもの教育上必要があることなどの条件をすべて満たした場合のみに許可することとしていたのである。

このBの取扱いは、監獄法（法）五〇条の委任を受けて定められた監獄法施行規則（規則）一二〇条「一四歳未満ノ者ニハ在監者ト接見ヲ為スコトヲ許サス」、および規則一二四条「所長ニ於テ処遇上其他必要アリト認ムルトキハ前四条ノ制限ニ依ラサルコトヲ得」に基づくものである。

Aは、これら規則は法の委任の範囲を逸脱して無効であると主張し、これを根拠とする取扱い、ひいては本件処分は違法であるとして、国家賠償法一条一項に基づく損害賠償請求等を行った。原審は、請求を一部認容したので国が上告した。

最高裁は、規則一二〇条、一二四条は法五〇条の委任の範囲を超え無効であるとし、本件処分は法四五条に違反し、違法であるとした。

●判　旨

「監獄法……四五条一項は『在監者ニ接見センコトヲ請フ者アルトキハ之ヲ許ス』と規定し、同条二項は、『受刑者及ビ監置ニ処セラレタル者ニハ其親族ニ非サル者ト接見ヲ為サシムルコトヲ得ス但特ニ必要アリト認ムル場合ハ此限ニ在アス』」と規定し……被勾留者の接見につき許可制度を採用することを明らかにした上、広く被勾留者との接見を許すこととしている……被勾留者には一般市民としての自由が保障されるので、法四五条は、被勾留者と外部の者との接見は原則としてこれを許すものとし、例外的に、これを許すと支障を来す場合があることを考慮して、(ア)逃亡又は罪証隠滅のおそれが生ずる場合にはこれを防止するために必要かつ合理的な範囲において右の接見に制限を加えることができ、また、(イ)これを許すと監獄内の規律又は秩序の維持上放置することのできない程度の障害が生ずる相当の蓋然性が認められる場合には、右の障害発生の防止のために必要な限度で右の接見に合理的な制限を加えることができる、としているにすぎない……この理は、被勾留者との接見を求める者が幼年者であっても異なるところはない」。

「規則一二〇条は……原則として被勾留者幼年者との接見を許さないこととする一方で、規則一二四条がその例外として限られた場合に監獄の長の裁量によりこれを許すこととしている……これらの規定は、たとえ事物を弁別する能力の未発達な幼年者の心情を害することがないようにという配慮の下に設けられたものであるとしても……法五〇条の委任の範囲を超えるものといわなければならない……幼年者の心情の保護は元来その監護に当たる親権者等が配慮すべき事柄である」。

このように、最高裁は、規則一二〇条、一二四条は法五〇条による委任の範囲を逸脱し、無効であるとした。しかし、この規則に従ってなされた処分を理由とする損害賠償請求に関しては棄却した。

「規則一二〇条（及び一二四条）は明治四一年に公布されて以来……本件処分当時までの間、これらの規定の有効性につき、実務上特に疑いを差し挟む解釈をされたことも裁判上とりたてて問題とされたこともなく……法五〇条の委任の範囲を超えることが当該法令の執行者にとって容易に理解可能であったということはできない……その職務を遂行すべき義務を負う監獄の長にとっても同様であり……右のようなことを予見し、又は予見すべきであったということはできない」。

アメリカの判例

合衆国憲法一条一節は「……立法権は、すべて合衆国議会に属する。……」と定めている。しかし、現実には行政機関に規範の定立が授権され、このことが立法の放棄、三権分立違反であるとの議論がなされている。最高裁は、一九三〇年代において、広範な授権を行う法律を無効としたが、その後はこの理由に基づいて法律を無効とする判断をほとんど示していない。

1　委任法律が無効とされた事例（Panama Refining Co. v. Ryan, 293 U.S. 388（1935））

●事実の概要

州法において石油および石油製品の生産量を定めていたが、これを超える量の州際および国際での石油等の取引をどのように規制するかに関しては、連邦法により、大統領に委任されていた。このような委任の仕方は、立法権限を大統領に委任してしまい、憲法に違反するのではないかが問題になった。

●判　旨

連邦法の委任を受けて、大統領は、州の定めを超えて生産される石油の移動に関し、その規制を行う権限が認められた。しかしながら、どのような状況または条件において禁止・処罰を行うことができるかについて、連邦法は一切語っていない。大統領の政策を方向づける何らの基準も示されず、その選択をなすにあたり、どのような認定がなされなければならないかについても定めていない。大統領の意のままに政策を決定する、無制限な権限を大統領に認めている。このような委任は明らかに無効である。

最高裁は、議会による立法の委任として許されないのは、受任した行政機関が、その意のままに政策を許すような、無限定、無方向な委任を行う場合であるとしている。ここでは大統領への委任が問題になっていたが、委員会への委任が問題になった事件を次に紹介する。

2　委員会への量刑ガイドラインの委任（Mistretta v. United States, 488 U.S. 361（1989））

●事実の概要

犯罪に関し、自由刑が科せられるかどうか、科せられるとしてその期間はどのくらいであるか、罰金や自由刑に変えて保護監察つき執行猶予が認められるのかどうか、これらについては、裁判官の広範な裁量にゆだねられており、また、仮出獄については、その管理を行う公務員のコントロール下にあった。このように、量刑について、法律は明確な定めを置いていなかったので、合衆国量刑委員会（委員会）が設立され、この委員会が定めるガイドラインに、裁判官は原則として拘束されることになった。

上告人は、コカインの密売を理由として起訴されたが、議会は、委員会に対して、ガイドライン設定のための過大な権限を委任している、と主張した。

最高裁は、議会は立法にあたり、他の部門からの援助を受けることができ、その限りでの委任は許されるとし、そのために必要とされる要件について具体的に言及している。

●──判　旨

憲法一条一節は、すべての立法権は議会に与えられ、この立法権限を一般的に他の部門に委任することは許されない。しかし、三権分立の原理は、議会が他の部門からの援助を得ることを禁止していない。権限の委任を受けた機関等が従わなければならない原理を明確に定めている限り、法律が立法権限を委任することは禁止されていない。ますます複雑化し、高度で技術的な問題に満ちている社会において、広範で、一般的な指示により権限を委任しなければ、議会は、その任務を全うすることはできない。

本件において、議会が委員会に対してなした委任は、憲法上の要件を満たすほどに具体的であり、詳細である。議会は委員会に対して、到達目標を設定し、量刑の幅を示し、量刑にあたり考慮されるべき要素を具体的に示している。さらに、一定の犯罪の常習者または初犯者について、自由刑を科すかどうかについての指示もなされている。

確かに委員会は、ガイドラインを定めるにあたり、相当に広範な裁量を認められている。また、どのような犯罪について寛容にまたは厳格に処罰されるべきかについて決定する裁量も認められている。しかしながら、このことは、政策問題について判断を委任されているとはいえない。委員会が規則を定めるに際し、政策に関するアウトラインは法律により示されており、委員会が、何をどのように行い、どう対処するかについての具体的な指示もなされている。

第2章 行政

憲法六五条は「行政権は、内閣に属する。」と定め、「内閣は……内閣総理大臣及びその他の国務大臣」から構成されている（六六条一項）。内閣総理大臣は、国務大臣を任命し（六八条一項）、内閣を代表して国会に議案を提出し、一般国務および外交関係を報告し、行政各部を指揮監督する（七二条）。内閣の構成員である内閣総理大臣および国務大臣が、その職務に専念し、十分に活動できるために不逮捕特権が認められている。すなわち「国務大臣は、その在任中、内閣総理大臣の同意がなければ、訴追されない」（七五条）。もっとも、この特権は、その職に対するものであり、国務大臣を個人的に擁護するものではない。すなわち「……これがため、訴追の権利は、害されない。」（同条但書）とされているのである。

ところで、この行政作用は、国家統治において欠くことができない、その時々の社会・経済・文化等に左右されることなく、継続・安定して遂行することが求められている。そして、その担い手である公務員は、様々な立場・異なる思想を有する国民から、強制的に徴収された税金に基づいて活動を行う。そのため、偏りなく、公平・公正に任務を遂行することが不可欠である。憲法も「すべて公務員は、全体の奉仕者であつて、一部の奉仕者ではない。」（一五条二項）と規定している。

公務が公平・公正に遂行されていることを客観的に担保しているのが、法令遵守・上司の命令への服従である。国家公務員法九六条一項「すべて職員は、国民全体の奉仕者として、公共の利益のために勤務」の規定を受けて、同法九八条一項は「職員は、その職務を遂行するについて、法令に従い、且つ、上司の職務上の命令に忠実に従わなければならない。」としている。このような、行政作用に関する憲法上の要請を受け、国家公務員法は、公務員の争議権、政治的行為を制限する規定を置いている（九八条二項、一〇二条）。これらの制限と公務員の人権保障との調整に関して困難な問題がある。

第1節　内閣総理大臣の職務権限

内閣総理大臣は、内閣を組織する国務大臣の任免権を有し、内閣を代表し、行政各部を指揮監督する広範な権限を有する。行政指導をめぐる賄賂罪の成立に関して、内閣総理大臣の職務権限の範囲が問われた事件があるので紹介する。

内閣総理大臣の職務権限と賄賂罪（最大判平成七・二・二二刑集四九巻二号一頁）

●事実の概要

A内閣総理大臣は、B社およびC社の利益のために、D社がE型航空機を選定購入するようD社に行政指導するように運輸大臣を指揮し、または自らがD社にはたらきかけるように依頼され、承諾し、その協力に対する報酬として五億円を授受したとして、賄賂罪に問われた。争点は、そもそもE型航空機を選定するように運輸大臣がD社にはたらきかけることが職務行為にあたるのか、そしてこれを運輸大臣に行政指導することが内閣総理大臣の職務権限にあたるのか、である。

●判　旨

（1）　賄賂罪の成立要件と公務員の一般的職務権限

「賄賂罪は、公務員の職務の公正とこれに対する社会一般の信頼を保護法益とするものであるから、賄賂と対価関係に立つ行為は、法令上公務員の一般的職務権限に属する行為であれば足り、公務員が具体的事情の下においてその行為を適法に行うことができたかどうかは、問うところではない。けだし、公務員が右のような行為の対価として金品を収受することは、それ自体、職務の公正に対する社会一般の信頼を害するからである」。

内閣総理大臣が、運輸大臣に対して、D社にE型航空機の選定購入を勧奨するようはたらきかけることが、内閣総理大臣の職務権限に属するとするためには、①運輸大臣がD社にE型航空機の選定購入を勧奨することがその職務権限であること、②右勧奨を運輸大臣にはたらきかけることが、内閣総理大臣の職務権限であることが必要である。

（2）　運輸大臣の機種選定勧奨行為と職務権限

「一般に、行政機関は、その任務ないし所掌事務の範囲内において、一定の行政目的を実現するため、特定の者に一定の作為又は不作為を求める指導、勧告、助言等をすることができ、このような行政指導は公務員の職務権限に基づく職務行為である」。

運輸省設置法は運輸省・航空局の所掌事務として「航空機使用事業に関する免許、許可又は認可」を定め、航空法は運輸大臣に、定期航空運送事業を経営しようとする者への免許権限を賦与し、この者が新機種の航空機を選定購入して路線に就航させようとするときは、事業計画の変更が必要となり、運輸大臣の認可が必要である。「このような運輸大臣の職務権限からすれば、航空会社が新機種の航空機を就航させようとする場合……運輸大臣は、行政指導として、民間航空会社に対して特定機種の選定購入を勧奨することも許される……一般的には、運輸大臣の航空運輸行政に関する行政指導として、その職務権限に属する」。

（3）　内閣総理大臣による運輸大臣への指揮監督と閣議決定

「内閣総理大臣が行政各部に対し指揮監督権を行使するためには、閣議にかけて決定した方針が存在することを要するが、閣議にかけて決定した方針が存在しない場合においても……流動的で多様な行政需要に遅滞なく対応するため、内閣総理大臣は、少なくとも、内閣の明示の意思に反しない限り、行政各部に対し、随時、その所掌事務について一定の方向で処理するよう指導、助言等の指示を与える権限を有する……内閣総理大臣の運輸大臣に対する前記働き掛けは、一般的には、内閣総理大臣の指示として、その職務権限に属することは否定できない」。

以上、法廷意見は、機種選定をD社に勧奨すること、および、これを国務大臣にはたらきかけること、それぞれが賄賂罪にいう職務権限の範囲に該当するとした。ところで、憲法七二条を受けて内閣法六条は「内閣総理大臣は、閣議にかけて決定した方針に基づいて、行政各部を指揮監督する。」と規定している。そこで、本件のように閣議決定を経ないでなされた「指揮監督」は職務権限の行使として認められるかが問題となる。この点について四裁判官の補足意見が丁寧に記述している。

●――園部逸夫・大野正男・千種秀夫・河合伸一四裁判官の補足意見

「内閣総理大臣は、憲法七二条に基づき、行政各部を指揮監督する権限を有する……右指揮監督権限は……強制的な法的効果を伴わず、国務大臣の任意の同意、協力を期待するものである。これに対し……内閣法六条の定めるところにより、閣議にかけて決定した方針に基づいて行政各部の長たる主任大臣を指揮監督する場合には、主任大臣はその指揮監督に従う法的義務を負い、もしこれに従わない場合には、閣議決定に違反するものとして、行政上の責任を生ずることになる……指揮監督権限の行使に強制的な法的効果を伴わせるためには……閣議にかけて決定した方針の存在を必要とするが、右方針決定を欠く場合であっても、それは、内閣法六条による指揮監督権限の行使ができないというにとどまり、そのことによって内閣総理大臣の憲法上の指揮監督権限のすべてが失われるものではな」い。

アメリカの判例

公務員の職務権限の内容、裁量の幅等にはかなりの違いがある。政治的決定を行う権限から決定事項の単純な適用・執行まで、その性質は様々である。そして、前者の場合、その判断を後から取り上げ、その時々の基準によって法的責任を追及するならば、萎縮的効果がはたらき、重要な決断を果敢に行うことが困難になる。このことはひいては国民全体、公共の福祉の観点からマイナスである。

そこで、アメリカにおいては、免責特権という考え方がとられる。議員の発言・表決への無答責は、憲法の明文によって認められているが、行政機関についてもこれを認めようとする積極的議論がなされている。

1　大統領の職務行為に対する民事賠償請求と絶対的免責特権（Nixon v. Fitzgerald, 457 U.S. 731 (1982)）

●事実の概要

Aは、空軍省のマネージメント・アナリストの職を解かれたが、その理由は、経済性や効率性を高めるため、空軍省の改編が進められたからであるとの説明がなされた。しかし、Aは一年ほど前に連邦議会のある小委員会において、輸送機に要する費用が二〇億ドルも予算をオーバーしているなどと証言しており、この証言に対する報復として解雇がなされたのではないかとの疑問がもたれていた。

結局、これに代わる公職の提供がなかったので、Aは、公務員人事委員会に不服申立てを行い、解雇の原因は、小委員会でなした真実の証言に対する違法な報復であると主張した。人事委員会は、Aが復職または同等の職に就けるよう空軍省に勧告を行ったが、解雇が証言に対する報復であったかどうかは認定しなかった。

この人事委員会の判断を受けて、Aは、ホワイト・ハウスのメンバーが彼の解雇に関係していたとして、前大統領を被告の一人とする損害賠償請求を行った。

●判　旨

当裁判所が一貫して認識してきたのは、公務員には民事賠償の訴訟に関して何らかの免責特権が認められてきたということである。この免責特権が認められなければ、大胆かつ躊躇なき行動が公共の利益の観点から求められていても、その裁量権の行使を逡巡してしまうであろう。執行部門の長は、いかなる場合にも、民事賠償を受けるのではないかという懸念を、その行動の動機としてはならないのである。本件においては、合衆国大統領は、民事賠償から絶対的免責によって守られるかが問題になっている（警察官については相対免責が問題になる。これは善意で職務を執行した場合に認められる）。

本件の大統領には、その職務上の行為に関する民事賠償責任については絶対免責が及ぶと解する。その理由は、まず、執行権限が与えられている大統領のエネルギーが、もしも私的な訴訟によって本来の方向から別の方向へとそらされてしまうならば、政府の効果的な機能に顕著な危険が及ぶことになるからである。その任務の遂行に、後顧の憂いなく偏りなく最大限の腕をふるわせることが、最も大きな公共の福祉につながるのである。とくに、憲法システムにおいて、最もセンシティブで広汎な判断が求められている公職者の場合には、このことは不可欠である。とくに大統領は、その職務の透明性とその行為の効果が及ぶ人民の数の多さからいって、民事訴訟の格好のターゲットにされてしまうのである。

裁判権の行使によってもたらされる利益と、それがもたらす執行部の権限・機能への侵害の危険とを憲法上考量しなければならない。絶対免責の範囲を確定する場合、その保護される行為の範囲は、免責を認めることを正当とする目的に密接に関連しなければならない。大統領の憲法上の任務と機能の特殊な性質にかんがみると、大統領の任務の責任の限界内でなされた行為に対する民事賠償請求に絶対的な免責を認めることは適切である。

大統領に対して絶対免責を認めても、大統領の違法行為に対する十分な救済を得られなくなるということにはならない。依然として、議会による罷免という憲法上の救済策が存在する。加えて、フォーマル、インフォーマルなチェックが大統領の行為に課される。報道機関により、常時、検討され、議会による不寝番の監視が大統領の職権濫用を抑制することに役立っているのである。

多数意見の考え方は、免責特権を無限定なものとするのではないかとして批判するのが、九名中四名の裁判官である点に注意が必要である。

ホワイト裁判官の反対意見（ブレナン、マーシャル、ブラックマン三裁判官同調）

公務員は、絶対免責の及ぶ行為を行うことがあるが、その果たす具体的な機能に及ぶのであって、職務に及ぶのではない。絶対免責は、大統領の顧問団が担う職務に対して認められているのではなく、公務員がなした、絶対免責を明らかに不可欠とする具体的な機能に対して及ぶのである。議員の発言特権も議員の立法行為のみに及んでいる。裁判官も、裁判官の機能を果たしている場合に限定して、損害賠償の責任を絶対免責されるのである。

多数意見は、どんなにその行為が違法であり、また大統領自身がそうであると知っていても、大統領は、民事の賠償責任を一切懸念することなく、政府内の職員を傷つけることが許されてもよいとしている。具体的な行為ではなくて、その職務に対して絶対免責を認めるならば、大統領を法よりも上位に位置づけることになってしまうであろう。このことは、「王は悪事をなさず」の焼き直しになってしまう。

確かに、大統領に存分に腕をふるってもらうためには、その判断・行為が後に賠償命令等の対象にならないようにすることが重要である。しかしその一方で、その活動に対しては、もっぱら政治責任の追及に限定されるとすることも問題である。反対意見が、免責は行為であって職に対してのものではないとして、免責特権の及ぶ範囲を限定しようとし、結果として最高裁が五対四に分かれたのも理由がないことではないと思われる。こうした背景のもとで、大統領の私的行為には免責特権は及ばないとするのが最高裁の判例である。

2 大統領の私的行為と免責特権の範囲（Clinton v. Jones, 520 U.S. 681（1997））

事実の概要

Aは、一九九二年に合衆国大統領に選出され、その職を二期務めたが、一九九一年当時は州知事であった。Bは、州産業振興委員会の職員であるが、Aらを被告として訴えを提起した。Bは、州警察官Cにより、Aと性的な関係を結ぶように説得されたが、これを拒否したところ、上司はBに対して冷たく無礼な態度で接するようになり、また、この拒否を理由として、Bはその任務を変更させられた。さらに、Aが大統領に選出されると、Cは、Bがあたかも Aの申出を受け入れたかのごとく記者に述べ、これを否定するBをうそつきであると公言した、というのである。

Bは、現実的損害として七万五〇〇〇ドル、懲罰的損害として一〇万ドルを請求した。Aは、大統領の免責特権を理由にこれを退けるよう主張した。

判旨

免責特権は、職務とは関係のない行為には適用にならない。免責特権が貢献しようとしているのは、具体的な判断をした場合に、個人的な責任をとらされるのではないかとのおそれを抱くことなく、自らの果たすべき任務を効果的に果たすことが公共の利益になるということである。

検察官や裁判官は社会全体の利益を代表し、その職務行為は、様々な人々に不利益を及ぼす可能性がある。こうした公務員に、公平に、公衆全体の利益のために最大限その能力を発揮してもらうことが社会的な利益であり、このことが免責特権の正当理由として長らく認識されてきたのである。肝心なことは、大統領がその職務を果たすに際して不必要に慎重にならないということである。

このことから、職務と関係ない行為に対しては、免責特権は認められない。大統領の広範な責任のために、その権限の外延部分まで免責が及ぶが、職務権限を越えてなされた行為については及ばない。職務権限内での行為であるかどうかの判断には、機能的なアプローチをとる。すなわち、そこで果たされた機能がいかなるものであるかが問題であって、それを実施したのが誰であるかではない。

このように、絶対免責は公務員の職務と無関係な私的行為については及ばないとされた。では、この特権は職務行為に関連する刑事責任追及の場面ではどうであろうか。職務行為への委縮効果を除去するという観点からすれば、刑事・民事裁判を区別する必要はないであろう。しかしながら、職務に関連し、これを利用した犯罪行為を絶対的に免責することによって失われる社会全体の利益を、過小に評価することは許されない。

次に紹介するのは、大統領の会話内容を刑事裁判の証拠として提出させることが免責特権を侵害することになるのかが争われた事件である。

3　大統領の個人的な会話に対する免責特権と文書開示（United States v. Nixon, 418 U.S. 683（1974））

●事実の概要

大陪審は、合衆国に対する詐欺行為等を理由に七名を起訴した。A大統領は、起訴こそされなかったが、共謀者の一人として名前をあげられ、連邦刑事手続規則に基づき、文書提出命令を受けた。その内容は、大統領と他の者たちの間で行われた、具体的に特定された会合に関するテープ、文書、メモなどである。

原審は、文書提出命令に掲げられている項目すべてについて、編集されていないオリジナルのものを、それぞれにインデックスをつけたうえで提出するよう命じた。

●判　旨

三権それぞれの部門は、他の部門に対して敬譲（deference）を与えなければならないが、大統領の特権に関し、何が法であるかを宣言するのは、裁判所の領域であり、義務であることを改めて確認する。

政府の高官とこれを援助・助言する者との間で交わされる会話を保護する必要があることは議論の余地がない。その内容が露見することを懸念しては、その議論に萎縮効果がはたらくことは経験が教えるところである。しかしながら、権力分立の観点から、高度に政治的な会話を秘密にする必要があるにしても、すべての状況において、司法過程から、絶対的に、無条件で大統領の免責特権を認めることはできない。

その会話を秘密にすることが公衆に利益をもたらす、との一般的な主張にのみ基づいて、刑事法の執行にとって不可欠な文書提出命令を拒否する絶対的特権が、憲法二条によって大統領に認められているとするならば、機能的な政府という憲法上のバランスを崩すことになり、憲法三条の下での裁判所の役割は、深刻に侵害される。

確かに、大統領の会話を秘密にすることは、大統領が虚心坦懐に、客観的で率直、辛辣な意見を述べるという公衆の利益を保護するために必要である。そこで、大統領の会話には特権が及ぶとの推定がはたらいている。しかしながら、罪を犯した者は罰を免れてはならず、無実の者は罰せられてはならない。弾劾的な刑事裁判システムにおいては、関連する事実の提示が必要である。正義が確実に行われるためには、裁判において強制的な手続を用いて、当事者のいずれかが必要とする証拠を開示させることが不可欠である。

確かに、大統領の職務に関するコミュニケーションを秘密にする必要性が存在するが、あくまで一般論としていえるだけである。他方、刑事手続において関連する証拠を開示する憲法上の必要性は具体的であり、特定の刑事事件を公正に判断するために中心的な役割を果たしている。大統領の会話を秘密にする必要性が一般的なものにとどまる限り、具体的な必要性を有する証拠開示に、途を譲らなければならない。

このように、免責特権の及ぶ範囲を決定することはかなり困難であるが、少なくともその地位自体に対して、免責特権を認めることは許されないであろう。しかし、その例外が、日本における天皇の免責である。象徴としての地位を理由として、刑事のみならず民事の責任を裁判所が問うことはできないとしている。参考までに紹介しよう。

＊　裁判所による天皇の民事責任の追及（最二判平成元・一一・二〇民集四三巻一〇号一一六〇頁）

事実の概要

A県知事は、天皇の病気快癒を願う県民記帳所を設置したが、これが違法であるとして、記帳所設置に要した費用相当額を天皇が不当に利得したとして、A県の住民によってその返還請求がなされた。第一審は、天皇が国民から病気平癒の見舞いの記帳を受けることは、天皇の象徴たる地位に由来する公的なものであり、純粋に私的なものではない。そして、象徴、公人としての天皇にかかわる行為は、内閣の助言と承認、そしてその責任においてなされるので、天皇に民事裁判権は及ばない、として訴えを却下した。

第二審も控訴を棄却した。すなわち、天皇も日常生活において私法上の行為をなすことがあり、その効力は民法その他に従うことになるが、このことから直ちに天皇に民事裁判権が及ぶということにはならない。実際の裁判の場面で、天皇が被告になり、証人としての義務を負担することは、日本国・日本国民統合の象徴という天皇の地位にまったくそぐわないからである。最高裁も上告を棄却した。

●──判　旨

「天皇は日本国の象徴であり日本国民統合の象徴であることにかんがみ、天皇には民事裁判権が及ばないものと解するのが相当である」。

第２節　行政機関による法律の解釈と司法審査

憲法七三条は内閣の事務として、同条一号「法律を誠実に執行し」、同条六号「法律の規定を実施するために、政令を制定する」、そして同号但書「政令には、特にその法律の委任がある場合を除いては、罰則を設けることができない。」としている。これら規定から、内閣は国会の定める法律の範囲内で活動し、政令についても、その委任の範囲内でのみ制定可能である。このことは、基本的には、内閣を頂点とする行政機関全般に及んでいくと思われ、「法律による行政」が基本であると思われる。

そして、これを担保するのが、司法審査であり、行政機関による法律の解釈を裁判所がくつがえすことを認めている。その意味で司法権の優位が認められていると思われるが、ますます専門性を高め続ける現代社会にあって、すべての行政法規の意味について、裁判所が、単独でその意味を確定し、または先行する行政解釈を一切考慮せずこれを否定できるか、難しい問題である。

通達による法解釈の変更と司法審査—パチンコ球遊器事件—（最二判昭和三三・三・二八民集一二巻四号六二四頁）

●—事実の概要

A会社等は、パチンコ球遊器の製造を業とする者であるが、B税務署長らによってなされた物品税賦課処分はそれぞれ無効であることの確認を求めて訴えを提起した。その理由として、これら処分は、パチンコ球遊器が物品税法の「遊戯具」にあたるとしてなされているが、物品税は間接消費税に属し、したがって、資本的消費しか予定されていない物品は、物品税の課税対象物品とはなりえない。また、物品税法に「玩具及び遊戯具」の規定があるにもかかわらず、相当長期にわたりパチンコ球遊器には課税せず、東京国税局長の通達、国税庁長官の通牒により、課税されることになり、租税法律主義に違反すると主張した。

第一審は請求棄却、控訴は棄却、最高裁も上告を棄却した。

●—判　旨

「物品税は物品税法が施行された当初……においては消費税として出発したものであるが、その後次第に……資本的消費財も課税品目中に加えられ、現在の物品税法……が制定された当時、すでに……資本財もしくは資本財たり得べきものも課税品目として掲げられ、その後の改正においてさらにこの種の品目が数多く追加された……消費的消費財と生産的消費財との区別はもともと相対的なものであつて、パチンコ球遊器も自家用消費財としての性格をまつたく持つていないとはいい得ない……［この］ような理由にかんがみれば、社会観念上普通に遊戯具とされているパチンコ球遊器が物品税法上の『遊戯具』のうちに含まれないと解することは困難であり……現行法の解釈として『遊戯具』中にパチンコ球遊器が含まれるとした……判断は、正当である」。

「本件の課税がたまたま……通達を機縁として行われたものであっても、通達の内容が法の正しい解釈に合致するものである以上、本件課税処分は法の根拠に基く処分と解する」。

本件では、行政は解釈により、国会の定める法律の意味を変更したが、変更後の意味は、裁判所の考える、本来あるべき正しい意味と一致していたとするのが、最高裁の判断である。では、法律の意味をめぐり、行政の解釈と裁判所の解釈が異なっている場合には、裁判所の判断が常に優先するのであろうか。この問題についても、行政の専門性の考え方を少しずつ反映させているのがアメリカである。

アメリカの判例

法律のすき間を埋める行政規則と法解釈への裁判所の敬譲（Chevron, U. S. A., Inc. v. Natural Resources Defense Council, Inc., 467 U.S. 837（1984））

●事実の概要

大気浄化法（法）一九七七年改正法は、ＥＰＡ（環境庁）が定めた大気環境基準を達成できなかった州に対して、大気汚染物質を排出する、主要な「固定施設」(stationary sources) の新設または変更には、許可を要するとした。この許可制度に関してＥＰＡは、一九八一年規則（規則）により、「固定施設」の概念に「プラント全体 (bubble concept)」という概念を州がとり込んでもよいとした。これにより、大気汚染物質を排出する複数の装置を有する既存のプラントは、排出総量が増大しないことを条件に、各装置の設置または変更が可能になった。

Ａは、規則により「固定施設」を解釈して「プラント全体」の概念をもち込むことは、法に違反する、として訴えを提起した。原審は、「固定施設」について、議会がどのように考えていたかについては改正法律の文言および沿革からは明確にならないが、大気汚染の状況を維持するのではなく改善することが法の目的であるので、「プラント全体」の概念は不適切であると判断した。最高裁はこれを破棄した。

●──判　旨

「固定施設」を「プラント全体」とみる見方は、法によって許容される範囲の解釈である。

自らが実施する法律について、行政機関が施した解釈を裁判所が見直す場合、議会の意図が明らかであれば問題はない。裁判所としてはその意図を実施するだけである。しかし、議会による直接の判断が示されていないと裁判所が考えた場合には、その法律に関して、裁判所自身の解釈を直ちには示さない。具体的な問題について、法律が沈黙しまたはその文言が不明瞭である場合には、裁判所は行政機関による解釈が、法律の許容できる範囲の解釈に基づいているかどうかを判断する。議会が定めた事項を実施していく行政機関の権限には、政策形成が求められるし、また、議会が明示、黙示的に残しておいた「すき間」を埋めるために規則の制定が求められるのである。

この「すき間」を埋めるよう明示されていれば、委任がされていることになる。このような委任立法は、恣意的、専断的でなく、明らかに法律に違反していない限りは、重視することが求められる。しかし、立法の委任は時として明示ではなく黙示でなされる。この場合、裁判所は、行政機関がなした合理的な解釈を、自らの解釈に変えることは許されない。行政解釈への敬譲が、最高裁によって一貫してなされてきたのは、法律の意味または範囲に関する判断と、これに対立する政策とを調整する必要があったからである。

議会が、許可制度に関して、プラント全体・総量規制で考えるとの意図を有しなかったと最高裁が判断した場合、問題となるのは、この概念が、大気の汚染状況を改善しようとするプログラムの一般的なコンテクストにおいて不適切であるかどうかではなく、特定の状況において、この概念が適切であるとした行政機関の見解が合理的なものであるかどうかである。議会はプラント全体・総量規制の概念をとり込むとの具体的な意図を有していなかったが、この概念を本件においてＥＰＡが用いたことは、行政機関の合理的な選択である。

第３節　恩赦に関する広範な行政裁量

憲法七三条七号は「大赦、特赦、減刑、刑の執行の免除及び復権を決定すること。」も内閣の事務としている。この判断には裁量が認められ、裁判所がこれをくつがえすことは困難であると思われる。アメリカにおいて、恩赦の決定に関して、刑事裁判と同様の手続が保障されるかが問題になったが、最高裁は消極的な判断を示した。

アメリカの判例

恩赦決定手続におけるデュープロセスの保障（Ohio Adult Parole Authority v. Woodard, 523 U.S. 272（1998））

●事実の概要

Ａ州憲法は、知事に恩赦（clemency）を与える権限を付与し、議会は、その申請と調査の手続についてのみ、規制対象とすることができるとしている。議会は、これらの定めをパロール庁に委任し、パロール庁は、死刑判決を受けている在監者について、その執行の四五日前にヒアリングを行い、審査の結果、恩赦が認められると判断した場合には、これを知事に勧告しなければならない。在監者はヒアリングに先立ち、パロール委員との面接を希望することができる、と定めていた。

Bは、カージャックの際に殺人を犯し、死刑が確定しているが、パロール委員との面接に際して、弁護士の立会いを希望したが受け容れられなかった。そこで、A州の恩赦手続は修正一四条で保障するデュープロセスに違反する等を主張して訴えを提起した。原審は、恩赦を受ける自由は連邦法によって設定されていない、すなわち、恩赦を認めるかどうかの判断は、知事に完全な裁量が認められており、A州は保護されるべき利益を設定していないとした。

最高裁は、A州の恩赦の手続はデュープロセスを侵害していないと判断した。

●判　旨

恩赦に関する最終的な判断は知事の広範な裁量にゆだねられている。したがって、恩赦を受けるという実質的な期待は存在しない。恩赦の拒否が意味しているのは、在監者がもともと受けた刑に服しなければならないということである。

恩赦の手続は、公判または審理の手続ではなく、被告人の有罪・無罪を判断するのでも、公判手続の信頼性を高めることを意図しているわけでもない。直接的な上訴や付随的な救済の手続とは切り離されて、執行部門によって行われているのである。Bはすでに死刑の判決を受けており、その執行が適法であると判断されてもいる。もしも、恩赦が認められれば、利益を受けることになるが、恩赦が拒否されても以前よりも悪い状態になることはない。

●オコナー裁判官の一部同意意見

適法に死刑が宣告された場合にも、これが執行されるまで、自分の生命に対するすべての利益がすでに失われてしまったとするのは誤りである。恩赦の手続にも最低限度の手続的保護は及ぶ。たとえば、恩赦をコインの裏表で決定したり、あるいは恩赦の手続をとることを恣意的に妨害しているような場合には、裁判所の介入は許される。

第4節　統治機構における公務員の役割

憲法は、統治機構についての定めを置き、このシステムが、国民全体の福祉向上のため、円滑に効率よく機能するための工夫を凝らしている。ところで、この担い手である公務員の人権には、一般国民とは異なる影響が及びうるが、この場合、人権保障の見地からその制約の限界をとらえるのか、それともシステムの円滑な遂行の観点から検討を加えるのか問われることになる。

従来、この問題は、特別権力関係論として議論され、これにより、行政への立法・司法の介入はかなり制限されてきた。確かに、一般人とは異なる特別な権力関係―公務員はこれに服するのであるが―においては、規範の制定および紛争解決を一定の範囲で、行政にゆだねる必要がある。しかし、これらを包括的に行政にゆだねるならば、権利・利益の保障・救済を十分に行うことは不可能である。そこで、現在では、行政の判断を生かしつつも、国会・裁判所の判断がこの領域にも及ぶようになっている。

このような前提に立った場合、裁判所は、公務員の人権保障の具体的内容・範囲をどのように判断すべきであろうか。人権保障の観点から考えるならば、一定の目的を達成するため、人権への制約は必要かつ合理的な範囲にとどまっているかどうかを厳格に審査することになろう。他方、統治システムの円滑な運用の観点からは、人権への制約が目的達成のために不必要であるかどうかを中心に、緩やかに判断することになろう。以下、いずれの視点から判断がなされているかに注意しながら、各判例を紹介しよう。

一　公務員の思想の自由

憲法一九条は、内面・精神の自由を絶対的に保障しているとされる。精神は、個人の尊厳の核心であり、内面にとどまる限り、他者・社会に影響を与えることがないからである。もっとも、個人の内面・精神も、他者・社会と何らかのかかわりをもつことがあり、この部分に限定して制限等を行うことは可能である。しかし、このような制約であっても、精神の領域に影響しうるので、やはり厳格な司法審査に服することが期待されるのである。

このことは、公務員の思想の自由にも当てはまるはずである。しかしながら、公務員は、国家・公共団体存立の「要」になるサービスを、その時々の需要等に左右されることなく、安定して確実に、場合によっては公権力を行使してでも実施しなければならない。そのために、それぞれの立場や考え方を異にする国民から、一律に、強制的に徴収した税金に基づいて活動している。これにより、公務員は、一部の利益のためではなく全体の奉仕者として、公正・中立な職務遂行が義務づけられ、これを担保するのが、法令の遵守および上司の命令への服従である。

しかしながら、法令や上司の命令が、公務員の内面に反する場合、これを強いることは、公務員の思想の自由を侵害しうる。この場合にも、一九条の保障が及ぶことを前提に、厳格な司法審査を行うべきであろうか。それとも、一律・公平な職務遂行を担保する法令遵守等を重視すべきであろうか。

「君が代」ピアノ伴奏拒否事件（最三判平成一九・二・二七民集六一巻一号二九一頁）

●事実の概要

A公立小学校では、卒業式および入学式において、音楽の教諭によるピアノ伴奏で「君が代」の斉唱が行われてきた。ところが、職員会議において、本件入学式の最終打合せを行った際に、B音楽教諭は、国歌斉唱の際のピアノ伴奏を行うことはできないと発言した。校長は伴奏を命じたが（C職務命令）、Bは応じなかった。当日、本件入学式の国歌斉唱の際、Bはピアノの椅子に座ったままで、伴奏を始める様子がなかったので、録音テープを流し、国歌斉唱が行われた。

D教育委員会は、Bが職命令に従わなかったことを理由に、戒告処分を行ったが、Bはこれを不服として処分の取消を求めて訴えを提起した。Bは、C職務命令は、「君が代」が過去のわが国において果たした役割につき、Bが有する歴史観ないし世界観およびこれに由来する社会生活上の信念等を侵害し、憲法一九条に違反すると主張した。

最高裁の多数意見は、Bの思想の問題と「君が代」の伴奏は切り離されうるものであり、C職務命令はBの思想に介入することにはならないとした。そのうえで、入学式で「君が代」を斉唱し、その伴奏を音楽の教諭に命令することは不合理であるとはいえないと判断した。

●判　旨

「［C］職務命令は……公立小学校における儀式的行事において広く行われ、A小学校でも従前から入学式等において行われていた国歌斉唱に際し、音楽専科の教諭にそのピアノ伴奏を命ずるものであって……［B］に対して、特定の思想を持つことを強制したり、あるいはこれを禁止したりするものではなく、特定の思想の有無について告白することを強要するものでもなく、児童に対して一方的な思想や理念を教え込むことを強制するものとみることもできない」。

「憲法一五条二項は、『すべて公務員は、全体の奉仕者であって、一部の奉仕者ではない。』と定めており……地方公務員法三〇条は、地方公務員は、全体の奉仕者として公共の利益のために勤務し、かつ、職務の遂行に当たっては全力を挙げてこれに専念しなければならない旨規定し、同法三二条は、上記の地方公務員がその職務を遂行するに当たって、法令等に従い、かつ、上司の職務上の命令に忠実に従わなければならない旨規定する」。「学校教育法……学校教育法施行規則……に基づいて定められた小学校学習指導要領……は、『入学式や卒業式などにおいては、その意義を踏まえ、国旗を掲揚するとともに、国歌を斉唱するよう指導するものとする。』と定めている…… [C] 職務命令は、その目的及び内容において不合理であるということはできない」。

この多数意見に対して、公務員個人の思想よりも職務の統一性を重視する補足意見がある。

●那須弘平裁判官の補足意見

「入学式におけるピアノ伴奏は、一方において演奏者の内心の自由たる『思想及び良心』の問題に深く関わる内面性を持つと同時に、他方で……国歌斉唱を補助し誘導するという外部性をも有する……このような両面性を持った行為が、『思想及び良心』を理由にして、学校行事という重要な教育活動の場から事実上排除されたり、あるいは各教師の個人的な裁量にゆだねられたりするのでは、学校教育の均質性や組織としての学校の秩序を維持する上で深刻な問題を引き起こし、ひいては良質な教育活動の実現にも影響を与えかねない……入学式等の学校行事については、学校単位での統一的な意思決定とこれに準拠した整然たる活動……が必要とされる面がある」。

「『君が代』の斉唱については……斉唱することに積極的な意義を見いだす人々の立場をも十分に尊重する必要がある。そのような多元的な価値の併存を可能とするような運営をすることが学校としては最も望ましい……他面において、学校行事としての教育活動を適時・適切に実践する必要上、上記のような多元性の尊重だけではこと足りず、学校としての統一的な意思決定と、その確実な遂行が必要な場合も少なくなく、この場合には……校長の指導力が重要な役割を果たす」。

逆に、公務員個人の思想を重視した審査を主張する意見も示されている。

●藤田宙靖裁判官の反対意見

「本件における真の問題は……［B］に「『君が代』に対する否定的評価」それ自体を禁じたり、あるいは一定の『歴史観ないし世界観』の有無についての告白を強要することになるかどうかというところにあるのではなく……むしろ、入学式においてピアノ伴奏をすることは、自らの信条に照らし……極めて苦痛なことであり、それにもかかわらずこれを強制することが許されるかどうかという点にこそあるように思われる……それに加えて更に、「『君が代』の斉唱をめぐり、学校の入学式のような公的儀式の場で、公的機関が、参加者にその意思に反してでも一律に行動すべく強制することに対する否定的評価……」といった側面が含まれている可能性がある」。「『君が代』を国歌として位置付けることには異論が無く……優勝者が国歌演奏によって讃えられること自体についでは抵抗感がなくとも、一方で『君が代』に対する評価に関し国民の中に大きな分かれが現に存在する以上、公的儀式においてその斉唱を強制することについては、そのこと自体に対して強く反対するという考え方も有り得る」。

「公務員が全体の奉仕者であることから、その基本的人権にそれなりの内在的制約が伴うこと自体は……否定することができないが……『全体の奉仕者』であるということからして当然に、公務員はその基本的人権につき如何なる制限をも甘受すべきである、といったレヴェルの一般論により、具体的なケースにおける権利制限の可否を決めることができないことも、また明らかである」。

二　公務員の表現の自由

表現の自由は優越的な自由とされ、その有する自己統治の側面がこれを支えているとされている。国民は直接の選挙により代表者を選出し、間接的に国政に関与する。この間接民主制が機能するためには、国政に関する情報が大量・迅速・正確に国民に自由に流れる（発信・受信双方の面から）ことが不可欠である。この情報の自由な流れを支えているのが表現の自由である。

国民への十分な情報提供という観点からは、公務員の表現もできるだけ自由になされるべきである。しかしながら、公務員には職務上知り得た秘密を保つ必要があると同時に、その表現によって、職務の公正・中立さを国民・住民に疑われてはならない、という限界がある。

当初、最高裁は、公務員の中立性を重視し、その表現が、これを害するおそれがある限り、規制することは憲法二一条に違反しないとしていた。その結果、具体的な表現行為が、現実に、公務員の中立性を害しているかどうかまでを判断する厳格な審査は行われていなかったが、最近の判例において、その表現規制が必要最小限度であるかを具体的事実に即してキメ細かく検討するようになってきた。

1　公務員の政治的中立性確保の目的と表現規制との合理的関連性――猿払事件――（最大判昭和四九・一一・六刑集二八巻九号三九三頁）

●――事実の概要

Aは、北海道宗谷郡猿払村の郵便局に勤務する郵政事務官で、猿払地区労働組合協議会事務局長を務めていたが、この協議会の決定に従い、衆議院議員選挙に際し、B党を支持する目的で、同党公認候補者の選挙用ポスタ

―六枚を自ら公営掲示場に掲示し、さらにこのポスター一八〇枚の掲示を四回にわたり他に依頼し、配布した。国公法一〇二条一項は「職員は、政党又は政治的目的のために……人事院規則で定める政治的行為をしてはならない。」と規定し、人事院規則一四―七第五項三号は「特定の政党その他の政治団体を支持し又はこれに反対すること。」とし、違反者は国公法一一〇条一項一九号により「三年以下の懲役又は一〇万円以下の罰金に処する。」と規定されていた。これによりAは起訴された。

最高裁は被告人を無罪とした原判決を破棄し、Aに対して罰金五〇〇〇円に処した。

●――判　旨

「憲法一五条二項の規定からもまた、公務が国民の一部に対する奉仕としてではなく、その全体に対する奉仕として運営されるべきものである……そのためには、個々の公務員が、政治的に、一党一派に偏することなく、厳に中立の立場を堅持して、その職務の遂行にあたることが必要となる……公務員の政治的中立性を損うおそれのある公務員の政治的行為を禁止することは、それが合理的で必要やむをえない限度にとどまるものである限り、憲法の許容するところである」。

「公務員の政治的中立性を損うおそれがあると認められる政治的行為を禁止することは、禁止目的との間に合理的関連性がある……たとえその禁止が、公務員の職種・職務権限、勤務時間の内外、国の施設の利用の有無等を区別することなく、あるいは行政の中立的運営を直接、具体的に損う行為のみに限定されていないとしても、右の合理的な関連性は失われるものではない」。

「本件における被告人の行為は……具体的な選挙における特定政党のためにする直接かつ積極的な支援活動であり、政治的偏向の強い典型的な行為というほかなく……かりに特定の政治的行為を行う者が一地方の一公務員に限られ……弊害が一見軽微なものであるとしても、特に国家公務員については……そのような行為が累積されることによって現出する事態を軽視し、その弊害を過小に評価することがあってはならない」。

最高裁は、公務員の政治的行為への規制は「合理的で必要やむをえない限度にとどまる」としながら、政治的行為禁止とその目的との間に合理的関連性がありさえすれば、その規制法令は憲法二一条に違反しないとした。しかし、前者の「必要やむをえない限度」の基準は厳格な審査基準であるが、後者の「合理的関連性」の基準は、緩やかな審査基準であり、両者の整合性に問題があること、それにもかかわらず、結局のところは後者に基づく審査がなされ、「公務員の職種……権限……国の施設の理由の有無」等を考慮することなく、一律に政治活動を禁止することも合憲であるとされ、「合理的で必要やむをえない限度」に基づく審査はなされなかった。

これに対して、具体的事実に即して、被告人の政治活動への制約が「必要やむをえない限度」であるかを検討したのが、次の事件である。

2 政治的中立性を損なう実質的おそれ（最二判平成二四・一二・七刑集六六巻一二号一三三七頁）

事実の概要

被告人は、厚生労働事務官であるが、衆議院議員総選挙に際し、日本共産党を支持する目的をもって、赤旗号外、東京民報号外を三日にわたって配布し、国公法、人事院規則に違反したとして起訴された。被告人は、国民年金業務課で、相談室付係長として相談業務を担当し、利用者からの年金の受給の可否等に関する相談を受け、回答し、その業務には、全く裁量の余地がなく、人事、監督の権限もなかった。原判決は、被告人は、休日に、勤務先やその職務と関わりなく、勤務先や管轄地域から離れた自己の居住地の周辺で、公務員であることを明らかにせず、他人の郵便受けに政党の機関紙を配布したが、このことは、国の行政の中立的運営及びこれに対する国民の信頼を抽象的なものを含めて侵害しておらず、これへの罰則の適用は国家公務員の政治活動の自由への必要やむを得ない限度を超えた制約であるとして無罪とした。

●──判　旨

「本法一〇二条一項は……行政の中立的運営を確保し、これに対する国民の信頼を維持することをその趣旨とするものと解される。すなわち、憲法一五条二項［により］……国民の信託に基づく国政の運営のために行われる公務は……全体の利益のために行われるべきものであることが要請されている……他方、国民は……政治活動の自由を保障され……立憲民主政の政治過程にとって不可欠の基本的人権であって、民主主義社会を基礎付ける重要な権利であることに鑑みると……法令による公務員に対する政治的行為の禁止は、国民としての政治活動の自由に対する必要やむを得ない限度にその範囲が画されるべきものである」

「本法一〇二条一項……にいう「政治的行為」とは、公務員の職務の遂行の政治的中立性を損なうおそれが、観念的なものにとどまらず、現実に起こり得るものとして実質的に認められるものを指し……その委任に基づいて定められた本規則も……公務員の職務の遂行の政治的中立性を損なうおそれが実質的に認められる行為の類型を規定したものと解すべきである……公務員の職務の遂行の政治的中立性を損なうおそれが実質的に認められるかどうかは、当該公務員の地位、その職務の内容や権限等、当該公務員がした行為の性質、態様、目的、内容等の諸般の事情を総合して判断する」。

「被告人は……管理職的地位にはなく、その職務の内容や権限も……裁量の余地のないもので……本件配布行為は、勤務時間外である休日に、国ないし職場の施設を利用せずに、公務員としての地位を利用することなく……公務員により組織される団体の活動としての性格もなく……無言で郵便受けに文書を配布したにとどまる……これらの事情によれば、本件配布行為は……公務員の職務の遂行の政治的中立性を損なうおそれが実質的に認められるものとはいえ［ず］……本件罰則規定の構成要件に該当しない」。

このように最高裁は、公務員の政治活動への規制は「合理的で必要やむを得ない限度」に限定されるとし、その判断は具体的事実に即して実質的に判断されるとした。しかし、この考え方は、判例変更を行わずに、法令の合憲性を維持したまま、その解釈によって示されているため、あらたな議論を提起している。

なお、公務員による政治活動の規制は、以上のような公務に対する「国民の信頼確保」のみならず、「組織の統一」という観点からも問題とされる。次の事件は、自衛官によってなされた国の政策への批判が、自衛隊内部の深刻な対立をもたらすとして、その規制が許されるとした事件である。

3　政策批判と職務の能率的遂行（最一判平成七・七・六集民一七六号六九頁）

●事実の概要

Aらは、防衛庁（当時）正門付近において、制服着用のまま、一列横隊に並び、自衛隊の沖縄派兵など政府の政策を批判し、また、勤務時間外の拘束の廃止等の要求書を読み上げるなどしたため、自衛隊法四六条二号「隊員たるにふさわしくない行為のあつた場合」に該当するとされ、懲戒免職を受けた。

●判　旨

隊員の表現に必要かつ合理的な制限を加えても、それが行政の中立かつ適正な運営確保およびこれに対する国民の信頼維持を目的とするならば憲法の許容するところである。隊員が、その制服や官職を利用し、その宣伝効果を狙って自衛隊や政策を公然と批判し、これに従わない態度を明らかにすることは、自衛隊の内部に深刻な政治的対立を醸成し、そのため職務の能率的で安定した運営が阻害される。

表現の自由が優越的地位を占めるとされるのは、国民に国政判断の資料となる情報が十分に提供されることを保障するためである。この観点から、公務員は、一般に、情報を豊富に有しているから、これをその表現行為により国民に提供することは憲法の重大な価値である。その一方で、組織として、統一的な活動に影響を与える表現は許されない。合衆国最高裁は、公務員の表現内容が「正当な公的関心事」であること、および、「組織内部での対立」をもたらすものではないことを重視している。

アメリカの判例

1　「公的関心事」についての発言と円滑な公務の遂行（Pickering v. Board of Education of Township High School District 250, 391 U.S. 563（1968））

●事実の概要

Aは、B郡の高校の教員であるが、Bの教育委員会が公債を発行し、増税を行い、これによって得られた資金の分配方法等について批判する文書を、あるローカル新聞社に送付したところ解雇された。そこで、Aはこの文書による批判は修正一条により保護されているとし、復職を求めて訴えを提起した。第一審は、この文書の内容は、学校運営の利益に反し、この利益はAの修正一条の利益を凌駕していると判断した。原審もこれを支持したが、最高裁は破棄・差戻しの判決を下した。

●判　旨

本件においては、一市民としての公務員が、公的関心事について意見を述べる利益と、公務員による公務遂行の能率を高めようとする、使用者としての州の利益が対立しており、両者のバランスをいかにしてはかるかが問題となっている。その際に重視されるべきことは、第一に、文書の内容が「正当な公的関心事」であったということである。自由で開かれた討論がなされることは、選挙人が、情報を得たうえで判断を下すためにぜひとも必要である。教員は、学校に割り当てられた資金がどのように費やされるべきかについて、情報を得たうえでなされる明確な意見を有する可能性が高い。したがって、報復的な免職処分に脅かされることなく、この種の問題について自由に発言できることがきわめて重要である。

第二に、その表現が職場の秩序や協調関係に亀裂を生じさせていないかが重要である。Ａの表現は、上司や職務遂行において日常接触する者に向けられておらず、上司による秩序維持や、同僚の職員との協調関係にひびを入れることはない。

2　能率的な公務の遂行に関する懲戒権者の裁量（Connick v. Myers, 461 U.S. 138（1983））

事実の概要

Ａは、地区検事補であるが、その意に反して異動させられることになったので、この異動に関する方針、職場のモラル、不服申立機関設置の必要性、上司に対する信頼度等について、一四項目にわたるアンケートを作成し、一五名の同僚に配付したところ解雇された。そこで、この解雇は表現の自由への侵害であるとして、復職や損害賠償の請求を行った。原審は、アンケートは「公的関心事」に該当し、また、これにより職場の機能が相当程度侵害されたとはいえないとした。最高裁はこれを破棄した。

判　旨

公務員の言論が、明らかに公的関心事にあたっているという場合でなければ、懲戒権者は、修正一条の名のもとになされる裁判所の干渉的な監視を受けることなく、その職場の管理に関して広範な裁量が認められる。懲戒権者は、能率的な公務の遂行に責任を負っているから、これを妨げる言論をなした公務員を解雇する権限が認められている。さらに、この解雇の権限は、公務員の言論によって職場が混乱し、職務上の連携が乱されることが明らかになるまで、行使してはならないとはいえない。公務員が、公衆に対してその責任を果たすために、密接な職務上の連携が不可欠な場合、裁判所は、公務員の懲戒に関する判断に対し広範な敬譲が求められる。

3　公務員による市民の立場からの発言（Garcetti v. Ceballos, 547 U.S. 410（2006））

●事実の概要

Aは、郡の副検事として管理職の地位にあったが、ある被告人の弁護士から、令状入手の際に用いられた宣誓供述書に不正確な点があるので事件を見直すように求められた。Aが調べてみると、確かに不審な点があり、宣誓供述者である郡保安官に電話で問い合わせたが、満足な回答は得られなかった。そこで、Aは上司であるBらに「覚書」を送った。これに基づいて宣誓供述書に関する会合が開かれたところ、Aは、「覚書」を送付したことに関して批判され、法廷においてもこの件に関する供述を行うことになった。この一連の事件の後、Aは、報復人事を受けたとし、この報復人事は「覚書」を理由とするものであり、修正一条および一四条を侵害していると主張した。

原審は、「覚書」の内容は公衆の関心事であるとし、修正一条の保護が及ぶとした。最高裁は破棄・差し戻した。

●判　旨

公務員は、自らの雇用の条件に異議を唱える権利を有しないが、雇用と同時に修正一条の権利すべてを放棄してはいない。公衆の関心事について、市民として発言する公務員の権利は、一定の状況下においては修正一条によって保護されている。問題なのは、公衆の関心事に意見を述べる市民の利益と、公務員を通して実現しようとしている公的サービスを、効率よく実施していく使用者としての政府の利益とのバランスである。

政府は、使用者として行為する場合、言論の制限に広範な裁量権を保持しているが、その制限は政府の機能に影響する可能性がある言論に限定される。使用者としての政府は、公務員の発言・行動に相当程度のコントロールを及ぼすことができる。もしもこれが認められなければ、公的サービスを効率よく提供することはほとんどできなくなるからである。公務員が、公衆の関心事について市民として発言しているならば、その制限が許されるのは、使用者が効率・効果的に活動するのに必要である限りである。

本件において、Aは、令状入手のために用いられた宣誓供述書に重大な誤りがあると考え、自分の意見と勧告を覚書にして上司に報告した。職場内にとどまり、公的に発言したものではないが、このことは決定的に重要ではない。重要なことは、Aの発言が彼の職務上の義務に関してなされたということである。「公務員が自分の職務上の義務に関して意見を表明した場合、公務員は修正一条の保護の目的である市民としての発言を行ったものではなく、これが使用者の懲戒から切り離されているとはいえない」。

●──スータ裁判官の反対意見（スチーブンス、ギンズバーグ両裁判官同調）

使用者としての政府は、その選択した政策を効率よく実施し、公務員に能力、誠実、判断力を求めることに相当程度の利益を有している。しかし、職務に関する悪行や健康や安全への脅威についての発言は、政策を効率的に実施していくという政府の利益よりも優先する。そこで、公務員が自らの義務遂行の過程においてこの種の問題について発言をした場合、修正一条の保護を受けることができる。

三　公務員の労働基本権

憲法二八条は「勤労者の団結する権利及び団体交渉その他の団体行動をする権利は、これを保障する。」と規定している。「勤労者」に公務員も含まれるならば、「その他の団体行動」としてストライキ（同盟罷業）を行う権利も公務員に保障されるはずである。しかし、公務員法は、これらの公務員の権利を大幅に制限しているため、その合憲性が裁判において争われている。最高裁は、公務員にストライキ権が保障されていることを前提に、その最低限度の制約という観点から検討してきたが、その後、判例を変更し、公務員の地位の特殊性および統治システムにおける公務員の役割を重視する観点からこの問題をとらえる傾向がある。

1　公務員の労働基本権への必要最小限度の制約──東京中郵事件──（最大判昭和四一・一〇・二六刑集二〇巻八号九〇一頁）

●──事実の概要

被告人らは、郵政従業員からなる労働組合の執行委員等であるが、組合の春季闘争に際して、東京中央郵便局の従業員に対し、これを職場から離脱させ、郵便物の取扱いをさせなかったことを理由として、郵便物不取扱罪（郵便法七九条一項）の教唆の刑事責任を問われた。ところで、憲法二八条は「勤労者の団結する権利及び団体交渉その他の団体行動をする権利は、これを保障する。」と規定し、これを受けて労働組合法（労組法）一条二項は、「刑法第三五条の規定は、労働組合の団体交渉その他の行為であつて前項に掲げる目的を達成するためにした正当なものについて適用があるものとする。」として、一定の行為が、形式的に刑罰法規に該当しても、「労働組合の正当な行為」とされれば、犯罪にはならないとしている。

本件においては、上記郵便物不取扱が「労働組合の正当な行為」にあたるかどうかが問題になる。公共企業体等労働関係法（公労法）一七条一項は「職員及びその組合は、同盟罷業、怠業、その他業務の正常な運営を阻害する一切の行為をすることができない。」と規定しており、これがそのまま適用されるならば、被告人らの行為は「労働組合の正当な行為」とはいえず、刑法三五条は適用されない。しかしながら、憲法二八条の保障が被告人らにも及び、これを侵害する公労法の規定が無効であるとの主張がなされた。

最高裁は、郵便業務に従事する郵政職員に対してその争議行為を禁止し、違反した者に不利益を課しても、それが必要な限度を超えない合理的なものである限り、これを違憲無効ということはできない、としたうえで、公労法一七条一項について「憲法二八条の保障する労働基本権尊重の根本精神にのっとり、争議行為の禁止違反に対する効果または制裁は必要最小限度にとどめるべきであるとの見地から、違法な争議行為に関しては、民事責任を負わせるだけで足り、刑事制裁をもって臨むべきではない」と解釈した。

●判　旨

「労働基本権は……公共企業体の職員はもとよりのこと、国家公務員や地方公務員も、憲法二八条にいう勤労者にほかならない以上、原則的には、その保障を受ける……労働基本権のうちで……勤労者がする争議行為は、正当な限界をこえないかぎり……債務不履行による解雇、損害賠償等の問題を生ずる余地がなく……不法行為責任を生ずることもない」。

「労働基本権の制限は……その職務または業務の停廃が国民生活全体の利益を害し、国民生活に重大な障害をもたらすおそれのあるものについて、これを避けるために必要やむを得ない場合について考慮されるべきである……違反者に対して課せられる不利益については、必要な限度をこえないように……とくに……刑事制裁を科することは、必要やむを得ない場合に限られる」。

「公労法そのものとしては、争議行為禁止の違反について、刑事制裁はこれを科さない趣旨である……郵便法の関係について見るに……郵政職員が争議行為として……［ことさらに郵便の取扱いをしなかった］場合にその適用を排除すべき理由も見出しがたい……ただ、争議行為が労組法一条一項の目的のためであり、暴力の行使その他の不当性を伴わないときは……正当な争議行為として刑事制裁を科せられないものであり……郵便法の罰則は適用されない」。

そこで、本件被告人の行為が労組法一条二項にいう正当なものであるかを判断したうえでなければ郵便法七九条一項の罪責の有無を判断することはできない、として原判決を破棄し、差し戻した。

最高裁は、公務員に労働基本権の保障が及ぶことを前提に、その制約は必要最小限にとどめなければならないとした。とくに、制約違反に対する刑事制裁には慎重でなければならないとしている。同様に、刑事制裁の範囲を限定しようとするのが次の都教組事件である。

2　争議行為のあおり行為処罰と違法性に関する二重の絞り―都教組事件―（最大判昭和四四・四・二刑集二三巻五号三〇五頁）

●―事実の概要

文部省（当時）が企図した公立学校教職員に対する勤務評定の実施に反対する日教組の方針に則り、都教組もこれに対応し、一せい休暇闘争を行った。これが、同盟罷業にあたり、その指令配布、趣旨伝達等の被告人らの行為は、地公法六一条四号の争議行為の遂行をあおったものとして起訴された。

●―判　旨

「［職員による争議行為を禁止・処罰する地公法三七条一項、同法六一条四号］の規定が、文字どおりに、すべての地方公務員の一切の争議行為を禁止し……あおる等の行為……をすべて処罰する趣旨と解すべきものとすれば……必要やむをえない限度をこえて争議行為を禁止し、かつ、必要最小限度にとどめなければならないとの要請を無視し……違憲の疑を免れないであろう。しかし、法律の規定は、可能なかぎり、憲法の精神にそくし、これと調和しうるよう、合理的に解釈されるべきものであ」る。

「[地公法三七条一項]の元来の趣旨は……地方公務員の争議行為が公共性の強い公務の停廃をきたし……国民生活にも重大な支障をもたらすおそれがあるので、これを避けるためのやむをえない措置として地方公務員の争議行為を禁止したものにほかならない。ところが、地方公務員の職務[の]……公共性の程度は強弱さまざまで……争議行為といつても種々の態様のものがあり……禁止の対象たる争議行為に該当するかどうかは、争議行為を禁止することによつて保護しようとする法益と、労働基本権を尊重し保障することによつて実現しようとする法益との比較較量により、両者の要請を適切に調整する見地から判断することが必要である。」

「地公法六一条四号は……違法な争議行為のあおり行為等をした者にかぎつて、これを処罰することにしているのであるが……争議行為自体が違法性の強いものであることを前提とし、そのような違法な争議行為等のあおり行為等であつてはじめて、刑事罰をもつてのぞむ違法性を認めようとする趣旨と解するべきであ[る]……さらに進んで考えると……あおり行為等にもさまざまの態様があり、その違法性が認められる場合にも、その違法性の程度には強弱さまざまのものがありうる……争議行為に通常随伴して行なわれる行為のごときは、処罰の対象とされるべきものではない。」

「本件の一せい休暇闘争は……次代の国民の教育上に障害をもたらすものとして、その違法性を否定することができないとしても、被告人ら[による]……右指令の配布または趣旨伝達等の行為……は、本件争議行為の一環として行なわれたものであるから……組合員のする争議行為に通常随伴する行為にあたるものと解すべきであり……刑事罰をもってのぞむ違法性を欠く」。

このように、争議行為を一律禁止する法令の文言を、憲法に適合するように限定解釈してその有効性を維持し、改めてその事件の被告人の行為等がその構成要件に該当しているかどうかを判断する方法は、国家公務員の争議行為を規制する国家公務員法の合憲性が争われ、同日にその判断が下された全司法仙台事件においても示されている。

3　全司法仙台事件（最大判昭和四四・四・二刑集二三巻五号六八五頁）

●事実の概要

被告人等はそれぞれ、労働組合中央執行委員でオルグとして仙台市に派遣され、あるいは農林省勤務で労働組合県本部副執行委員長、税務署勤務で労働組合連合会執行委員、仙台地裁書記官補勤務で労組支部執行委員長であるが、仙台高等裁判所等の職員に対し、仙台高裁玄関前で、一時間にわたり勤務時間内に食い込んで開催される、新安保条約反対のための職場大会に参加するよう、あおり行為等を行ったとして、国公法九八条五項、同一一〇条一項一七号に違反したとして起訴された。しかし、被告人等は、これら規定が憲法二八条等に違反しているとして上告したが、最高裁はこれを棄却した。

●判　旨

「これらの規定が、文字どおりに、すべての国家公務員の一切の争議行為を禁止し、これらの争議行為の……あおる行為等……をすべて処罰する趣旨と解すべきものとすれば……必要やむをえない限度をこえ……必要最小限度にとどめなければならないとの要請を無視し……違憲の疑いを免れない。しかし、法律の規定は、可能なかぎり、憲法の精神に即し、これと調和しうるよう合理的に解釈されるべきものであって……規定の表現にのみ拘泥して、直ちにこれを違憲と断定する見解は採ることができない。右のように限定的に解釈する限り……憲法二八条に違反するものということができ［ない］」。

「あおり行為等を処罰するには、争議行為そのものが、職員団体の本来の目的を逸脱してなされる……不当な圧力を伴う……国民生活に重大な支障を及ぼすとか等違法性の強いものであることのほか、あおり行為等が争議行為に通常随伴するものと認められるものでないことを要する」。

「裁判事務に従事する職員の職務は、一般的に、公共性の強いものであり、その職務の停廃は、その使命の達成を妨げ、ひいては、国民生活に重大な障害をもたらすおそれがある……当時、新安保条約に対する反対運動が憲法擁護のための国民運動として広く行われ……本件職場大会も右運動の一環として行なわれた……としても、裁判所の職員団体の本来の目的にかんがみれば、使用者たる国に対する経済的地位の維持・改善に直接関係があるとはいえない、このような政治的目的のために争議を行なうがごときは、争議行為の正当な範囲を逸脱するものとして許されるべきではなく……短時間……暴力等を伴わないものとしても……職務の停廃をきたし、国民生活に重大な障害をもたらすおそれのあるもので……違法性の強いものといわなければならない」。

「被告人らのうち、裁判所職員でなく、かつまた、裁判所職員の団体に関係もない第三者である被告人……の行なった行為は、裁判所職員の行なう争議行為に通常随伴するものと認めることができない」。

このように、公務員の争議行為の問題は、これを一律禁止する法令に合憲限定解釈を施すことによって解決する判例の流れが固まったかに見えたが、四年後、最高裁は法令の文言に忠実に、一律に公務員の争議行為を禁止しても憲法に違反しないと判断するに至った。全司法仙台事件を判例変更した全農林警職法事件を紹介しよう。

4　公務員の勤務条件と議会制民主主義――全農林警職法事件――（最大判昭和四八・四・二五刑集二七巻四号五四七頁）

●事実の概要

被告人らは、全農林労働組合の役員であったが、組合員が、警職法改悪反対のため、正午出勤や勤務時間内一時間以上の職場大会に参加するよう、組合総務部長に、文書等により各県本部宛に通知させ、また、農林省庁舎各入口に人垣を築くなどして職員約二五〇〇人を入庁させず、職場大会に直ちに参加するよう説得し、この行為が、国家公務員法九八条二項の争議行為の遂行をあおることを企て、また、これをあおったことに該当するとして起訴された。

●判　旨

（1）　公務員の地位と争議行為

「公務員は……国民の信託に基づいて国政を担当する政府により任命されるものであるが、憲法一五条の示すとおり、実質的には、その使用者は国民全体であり、公務員の労務提供義務は国民全体に対して負うものである……公務員が争議行為に及ぶことは、その地位の特殊性および職務の公共性と相容れないばかりでなく、多かれ少なかれ公務の停廃をもたらし……国民全体の共同利益に重大な影響を及ぼすか、またはその虞れがある」。

「公務員の……給与の財源は国の財源とも関連して主として税収によって賄われ……その勤務条件はすべて政治的、財政的、社会的その他諸般の合理的な配慮により適当に決定され……その決定は民主国家のルールに従い、立法府において議論のうえになされ……争議行為の圧力による強制を容認する余地は全く存しない」。

（2）　勤務条件法定主義

「公務員……の勤務条件は……国会の制定した法律、予算によって定められ……使用者としての政府にいかなる範囲の決定権を委任するかは、まさに国会みずからが立法をもつて定めるべき労働政策の問題である。したがつて、これら公務員の勤務条件の決定に関し、政府が国会から適法な委任を受けていない事項について、公務員が政府に対し争議行為を行なうことは、的はずれであつて正常なものとはいいがたく、もしこのような制度上の制約にもかかわらず公務員による争議行為が行なわれるならば、使用者としての政府によつては解決できない立法問題に逢着せざるをえないこととなり、ひいては民主的に行なわれるべき公務員の勤務条件決定の手続過程を歪曲することともなつて、憲法の基本原則である議会制民主主義（憲法四一条、八三条等参照）に背馳し、国会の議決権を侵す虞れすらなしとしない」。

（3）　市場の抑制

「私企業においては……使用者にはいわゆる作業所閉鎖（ロックアウト）をもつて争議行為に対抗する手段があるばかりでなく、労働者の過大な要求を容れることは……労働者自身の失業を招く……その提供する製品または役務に対する需給につき、市場からの圧力を受けざるをえない関係上、争議行為に対しても、いわゆる市場の抑制力が働く……公務員の場合には、そのような市場の機能が作用する余地がないため、公務員の争議行為は場合によつては一方的に強力な圧力となり、この面からも公務員の勤務条件決定の手続をゆがめる」。

（4）　代償措置

「法は、これらの制約に見合う代償措置として身分、任免、服務、給与その他に関する勤務条件について周到詳密な規定を設け、さらに中央人事行政機関として準司法機関的性格をもつ人事院を設けている……法定された勤務条件……情勢適応の原則……行政措置要求……審査請求……このように、公務員は、労働基本権に対する制限の代償として、制度上整備された生存権擁護のための関連措置による保障を受けているのである……公務員の争議行為およびそのあおり行為等を禁止するのは……やむをえない制約というべきであつて、憲法二八条に違反するものではない」。

このように、公務員の争議行為を消極的にとらえる考え方は、次の名古屋中郵事件において一層、強調されるようになった。

5 立法政策による公務員の労働基本権付与――名古屋中郵事件――（最大判昭和五二・五・四刑集三一巻三号一八二頁）

●―事実の概要

被告人らは、全逓中央本部執行委員等であるが、名古屋中央郵便局支部が、勤務時間内くい込み二時間の職場大会による闘争を行った際に、職員に参加を教唆して郵便物の配達をさせなかったことなどを理由として起訴された。

●―判　旨

（1）　全農林警職法事件の要約

「非現業の国家公務員の場合、その勤務条件は、憲法上、国民全体の意思を代表する国会において法律、予算の形で決定すべきものとされており、労使間の自由な団体交渉に基づく合意によって決定すべきものとはされていないので、私企業の労働者の場合のような労使による勤務条件の共同決定を内容とする団体交渉権の保障はなく、右の共同決定のための団体交渉過程の一環として予定されている争議権もまた、憲法上、当然に保障されているものとはいえないのである。右の理は、公労法の適用を受ける五現業及び三公社の職員についても、直ちに又は基本的に妥当する」。

（2）　財政民主主義と政府への委任

「［公労法］一七条一項において……争議行為及びそのあおり等の行為を禁止しながら、四条において、職員に対し団結権を付与しているほか、八条において……団体交渉権、労働協約締結権を認めている。しかしながら、この……付与は、憲法二八条の当然の要請によるものではなく、国会が……立法上の配慮から、財政民主主義の原則に基づき、その議決により、財政に関する一定事項の決定権を使用者としての政府又は三公社に委任したものにほかならない。そして……職員の給与については特に国会の議決を経た当該年度の予算中の給与総額を超えることができない……予算上又は資金上不可能な資金の支出を内容とするいかなる協定も国会が承認するまでは政府を拘束せず……と定められており……これは、国会が、右の財政民主主義の原則に基づき、政府又は三公社に対する委任に特別の留保を付したことを意味する」。

以上のとおり、最高裁において、公務員の争議権への全面禁止は憲法に違反しないとされ、その根拠の一つとして人事院勧告等の代償措置の存在が挙げられていた。そこで、この代償措置が形骸化して機能していないならば、争議権の行為が認められる可能性があるとの見解も示されている。河合伸一・福田博裁判官の補足意見（最二判平成一二年三月一七日集民一九七号四六五頁）は「人事院勧告がされたにもかかわらず、政府当局によって全面的にその実施が凍結されるということは、極めて異例な事態といわざるを得ない。そのような状況下において、国家公務員が人事院勧告の実施を求めて争議行為を行った場合には、懲戒権者は……争議行為が右異例な事態に対応するものとしてなされた……ことを十分に考慮して、慎重に対処すべきものである」としている。

第3章　司　法

憲法三二条は、人権として裁判を受ける権利を保障している。これを受けて、同法七六条二項は「行政機関は、終審として裁判を行ふことができない。」とし、具体的な紛争の最終的な解決は、裁判所が行うとしている。このように、裁判所が紛争について最終的な解決をゆだねられるためには、その判断が、第三者、とりわけ他の国家機関によってゆがめられることがあってはならない。そこで、憲法は、司法権の独立、裁判官の身分保障について規定している（七六条三項、七八条）。さらに、裁判官自らも、その良心に従い、憲法・法律のみに基づいて判断を下し、その恣意を疑われることがあってはならない。このことは、裁判官の言論をめぐって問題になる。また、裁判は、国会の定める法律に、具体的な事実を当てはめて、争訟を解決していくが、その前提となる法律が憲法に違反している場合がある。これを判断するのが違憲立法審査権である。

第1節　裁判救済と行政救済

憲法七六条一項は、「すべて司法権は、最高裁判所及び法律の定めるところにより設置する下級裁判所に属する。」とし、これを受けて裁判所法三条は「裁判所は……一切の法律上の争訟を裁判」する、と規定している。さらに、憲法三二条は「何人も、裁判所において裁判を受ける権利を奪はれない。」ことを保障している。しかし、その一方で、行政機関への不服申立ても認められ、憲法はこれを司法判断の前審として位置づけている。すなわち、七六条二項「行政機関は、終審として裁判を行ふことができない。」とし、裁判所法三条二項は「行政機関が前審として審判することを妨げない。」と規定している。

行政機関への不服申立てを認める目的は「簡易迅速な手続による国民の権利利益の救済を図るとともに、行政の適正な運営を確保」し（行政不服審査法一条一項）、さらに、行政作用が違法でないかどうかのみならず、不当でないかどうかについてまでも審査を及ぼすためである。

このように、裁判と不服申立ては、相互に長所・短所を補いあいつつ、別個の手続として進めることができるのが原則であるが、不服申立てを経たことを訴訟提起の条件とするものがある。この場合、不服申立てが、その申立て期間を徒過するなどを理由に利用できなくなれば、訴訟提起も不可能となるが、このことは七六条「裁判を受ける権利」を侵害することになるのではないかが問題になる。最高裁は、この場合にも裁判を受ける権利は侵害されないとしている。

不服申立て前置と行政事件訴訟（最大判昭和二六・八・一民集五巻九号四八九頁）

●事実の概要

Aは、Bが、自作農創設特別措置法（措置法）に基づいて定めた、農地買収計画の取消を求めて訴えを提起した。これに対して、Bは、この訴えは、行政事件訴訟特例法（特例法）に定める「訴願」を経ていないので、不適法・却下されるべきであると主張した。すなわち、措置法七条は「農地買収計画に定められた農地につき所有権を有する者は、当該農地買収計画について異議があるときは、市町村農地委員会に対して異議を申し立てることができる。」とし、これを受けて特例法二条は「行政庁の違法な処分の取消又は変更を求める訴は、その処分に対し法令の規定により訴願……その他行政庁に対する不服の申立（以下単に訴願という。）……を経た後でなければ、これを提起することができない。」と規定していた。

第一審は、Bの主張を認めて、本件訴えを却下した。控訴審においても、Aは、農地買収計画が公告されてから一〇日以内に、買収計画書を縦覧し、異議を申し立て、その決定を受けて訴えを提起するのに何らの支障もなかったので、この期間内に異議申立てをしなかったことはAの責に帰すべきものであるから、裁判を受ける権利を奪われてはいない、とした。

最高裁も上告を棄却した。

●――判　旨

「憲法七六条二項は行政機関もまた裁判を行うことのあることを前提としており、而して行政機関が行う裁判と司法裁判所の行う裁判との相互関係については、裁判所が終審として裁判を行うことを要するものとしたほか、行政機関の行う裁判を裁判所に対する訴訟提起の前提要件とするか否かは法律の定めるところに一任しているものと解すべきであつて、特例法二条がいわゆる訴願前置主義を定めたからと言つて憲法三二条に違反するものということはできない」。

これと同様の問題は、アメリカにおいても存在している。

アメリカの判例

行政機関への不服申立て前置と裁判を受ける権利（Woodford v. NGO, 548 U.S. 81（2006））

連邦議会は、監獄内における不服申立ての制度を改善する法律（法）を定め、在監者は監獄の環境に対するいかなる不服を申し立てる場合にも、利用可能な行政救済すべてを尽くした後でなければ、司法救済を認められないとした。

●事実の概要

A州における在監者の不服申立て手続は次の通りである。第一は、すべての在監者が容易に利用できる簡易書式（カッコ内書式番号）を提出する。すなわち、問題点（a）と望んでいる改善（b）をそれぞれ記入する。そして、関係部署の職員とインフォーマルに話し合い、職員は書面で回答する（c）。

この手続により解決が得られない場合には、次に三段階にわたるフォーマルな手続が利用できる。在監者は最初の申立てから三週間以内に不服の理由を述べる書面を苦情処理職員に提出し（d）、さらに三週間以内に書面による回答を得ることができる（e）。次に刑務所長に不服申立てを行い（f）、これに添付した手紙により回答を受けることができる。さらに不満がある場合には、州矯正・更生局長官に書面により（g）、不服の理由を示し送付することができる。

Bは、殺人罪により終身刑に服する者であるが、所内のチャペルでトラブルを起こし独房に入れられ、一般房に戻ったが、宗教活動を含むプログラムへの参加を禁止されたことを理由として、苦情の申立てを行った。しかし、不服申立て期間を徒過していることを理由として却下された。原審は、Bにとって行政救済がもはや利用できなくなったことをもって、行政救済は尽くしたとみてよいとした。

●判　旨

不服申立て前置には二つの目的がある。一つは、不服申立て前置により、行政機関は自分たちの犯したミスを、裁判所の審査にかかる前に是正する機会をもつことができる。もう一つは、効率の促進である。不服申立ては、連邦裁判所における手続よりも、迅速かつ安価で解決することが可能であり、また、その後の裁判手続において有益な記録を提供することが可能になる。

法は、監獄行政への連邦裁判所の不当な介入を防止することを意図している。不服について、職員が内部において解決する時間と機会を与え、囚人による訴訟の件数を減らし、その質を高めることを目的としている。これらの目的すべてを達成するために不服申立て前置は役に立っている。まず、この制度は、囚人に対して、苦情申立ての手続すべてを利用させることに効果的なインセンティブを与えており、監獄行政には自分たちのミスを是正するための適正な機会を与えている。次に、出訴件数を減らすことにも役立っている。なぜならば、不服申立てが認容されれば出訴する必要はなくなり、棄却されてもその手続において納得がいけば改めて出訴することはないからである。さらに、不服申立ての手続において、監獄から提出された記録が裁判においても利用され、結果として訴訟の質を高めることになる。つまり関係者の記憶が鮮明である間になされた質疑に基づく証拠が利用できるからである。

不服申立て前置の制度を徹底するためには、法の予定した手続に従わない限り、司法救済を認めないとすることが必要である。何らかのサンクションがなければ、これを遵守しようとのインセンティブは囚人には生じないからである。

第２節　公正な裁判の保障

裁判が公正に行われなければならないことはいうまでもない。これを担保するために、裁判官の身分保障がなされ（七八条）、司法権の独立が確保され、裁判官は憲法および法律にのみ拘束される（七六条三項）。さらに、刑事被告人の人権として公平な裁判所による裁判を受ける権利が保障されている（三七条一項）。民事裁判における原告・被告への公正な裁判の保障は、明文では保障されていないが、裁判を受ける権利の中に含めて考えてよいと思われる。

このように、公正な裁判は、抽象論としては、制度として、職務として、人権として憲法上保障されているが、具体的にいかなる場合にこの保障が満たされているのかは、個別に検討する必要がある。ここでは、傍聴人が裁判の公正をゆがめる可能性について問題とされた事例を紹介する。

１　傍聴人によるメモ・知る自由と公正な裁判の実現（最大判平成元・三・八民集四三巻二号八九頁）

●事実の概要

Aは、アメリカB州の弁護士資格を有する者であるが、その研究の一環として東京地裁における所得税法違反被告事件の公判を傍聴した。担当の裁判官は、司法記者クラブ所属の報道機関の記者に対してはメモを許していたが、傍聴人にはあらかじめ禁止され、Aはその許可を求めたが認められなかった。そこで、国家賠償法一条一項に基づき賠償請求がなされた。

最高裁は、傍聴席においてメモをとる（筆記行為の）自由は「さまざまな意見、知識、情報に接し、これを摂取することを補助するものとしてなされる限り……憲法二一条の精神に照らして尊重されるべきである」としたうえで、この行為と公正な裁判の実現に関して次のような判断を示している。

●――判　旨

「筆記行為の自由といえども……これに優越する公共の利益が存在する場合にはそれを確保する必要から、一定の合理的制限を受ける……筆記行為の自由は、憲法二一条一項の規定によって直接保障されている表現の自由そのものとは異なるものであるから、その制限又は禁止には、表現の自由に制約を加える場合に一般に必要とされる厳格な基準が要求されるものではない」。

「公正かつ円滑な訴訟の運営は、傍聴人がメモを取ることに比べれば、はるかに優越する法益であることは多言を要しないところである。してみれば、そのメモを取る行為がいささかでも法廷における公正かつ円滑な訴訟の運営を妨げる場合には、それが制限又は禁止されるべきことは当然である」。

「メモを取る行為そのものが、審理、裁判の場にふさわしくない雰囲気を醸し出したり、証人、被告人に不当な心理的圧迫などの影響を及ぼしたりすることがあり、ひいては公正かつ円滑な訴訟の運営が妨げられるおそれが生ずる場合のあり得ることは否定できない。しかしながら……［この］ことは、通常はあり得ないのであって、特段の事情のない限り、これを傍聴人の自由に任せるべきであり、それが憲法二一条一項の規定の精神に合致する」。

傍聴人の態度・行為等が、被告人に心理的な圧迫を与えたり、裁判の場にふさわしくない雰囲気を醸し出す場合には、これを規制できるとする考え方は、アメリカにおいても支持されている。

アメリカの判例

傍聴人が被害者の遺影が印刷されたボタンを着用することと被告人の公正な裁判を受ける権利（Carey v. Musladin, 549 U.S. 70（2006））

●事実の概要

Aは、殺人罪で起訴され正当防衛を主張していたが、その法廷において、被害者の遺族が、その遺影が印刷されたボタンを着用して傍聴していた。Aの弁護士は、公判中、このボタンを着用しないよう求める申立てを行った。原審は、このボタンにより、陪審員に対して現実または内在的な先入観を与えていることを、Aが立証しなければならないとし、そのうえで、遺影のボタンは、家族の一員が失われたことに対する深い悲しみを表すもの以外としては受け取られないとした。最高裁は破棄し、差し戻した。

●判　旨

先例として、被告人に囚人服を着用することを強制して公判に臨ませた事件、および制服着用の四名の警察官を、被告人のすぐ後ろの傍聴席に着席させた事件がある。最高裁は、先入観をもたらす性質のものを法廷にもち込むことが正当とされるためには、これにより不可欠な政府の利益がもたらされねばならないとした。そして、上述の囚人服も警官の着席もいずれも、不可欠な政府利益・政策によって正当化できないとされた。

しかし、本件は、私人による公判における行為が問題になっているから、その行為が先入観を与え、被告人から公正な裁判を受ける権利を奪うものであるかについて、二つの先例の考え方を本件に適用しなければならないとはいえない。

●――スータ裁判官のジャッジメントに同意する意見

裁判官は、法廷を管理し、不当な影響が法廷に及んでこないようにする積極的な義務がある。刑事公判において、傍聴人に対して、被害者の遺影のボタンを着用することを認めた場合、不適切な考慮がはたらいてしまう危険がある。このボタンは、被害者への同情心を即座にかきたてるものであり、これを目にした者から、ある種の反応を引き出そうとするものである。その期待されている反応は陪審員による有罪の評決であり、遺族の悲しみや怒りを有罪によって癒してもらおうと切に願うことであるが、これらは不適切な考慮の典型である。

裁判員制度導入に伴い、公正な裁判の保障、及び憲法・法律にのみ拘束されるとする裁判官の地位について、それぞれ侵害されることになるかが問題になった。最高裁は、裁判員制度は、国民主権の下、裁判所の民主的基盤の強化につながり、また、その制度の運用によって、公正な裁判に影響が及ぼされるものではないとし、さらには、この制度が法律によって定められ、憲法に違反していないとされる以上、裁判官がこれに従うことは当然のことであるとした。

2　裁判員制度と公正な裁判の保障（最大判平成二三・一一・一六刑集六五巻八号一二八五頁）

●――事実の概要

被告人は、マレーシアのクアランプール国際空港から航空機において覚せい剤をソフトスーツケースに隠匿し、成田国際空港まで機内預託荷物として本邦に持ち込み、輸入しようとしたとして罰金刑に問われた。

●――判　旨

「刑事裁判に国民が参加して民主的基盤の強化を図ることと、憲法の定める人権の保障を全うしつつ、証拠に基づいて事実を明らかにし、個人の権利と社会の秩序を確保するという刑事裁判の使命を果たすこととは、決して相容れないものではな［い］……国民の司法参加に係る制度の合憲性は、具体的に設けられた制度が、適正な刑事裁判を実現するための諸原則に抵触するか否かによって決せられるべきものである」。

「裁判員の権限は、裁判官と共に公判廷で審理に臨み、評議において事実認定、法令の適用……刑の量定について意見を述べ、評決を行うことにある。これら裁判員の関与する判断は、いずれも司法作用の内容をなすものであるが、必ずしもあらかじめ法律的な知識、経験を有することが不可欠な事項であるとはいえない。さらに、裁判長は、裁判員がその職責を十分に果たすことができるように配慮し……裁判員が、様々な視点や感覚を反映させつつ、裁判官との協議を通じて良識ある結論に達することは、十分期待することができ……他方、憲法が定める刑事裁判の諸原則の保障は、裁判官の判断に委ねられている」。

「裁判官は憲法及び法律に拘束される……憲法が一般的に国民の司法参加を許容しており、裁判員法が憲法に適合……したものである以上……裁判官が時に自らの意見と異なる結論に従わざるを得ない場合があるとしても、それは憲法に適合する法律に拘束される結果である」。

第３節　司法権の独立と裁判官の免責

憲法七六条三項は「すべて裁判官は、その良心に従ひ独立してその職権を行」うと規定している。利害関係を異にして対立する当事者が、裁判官の下す判断に従うのは、その内容の公正さのみならず、その判断が、他の権力等によってゆがめられていないことが重要である。七八条は「裁判官は……公の弾劾によらなければ罷免されない。裁判官の懲戒処分は、行政機関がこれを行ふことはできない。」とし、これを受けて裁判所法は、公の弾効、心身の故障を除いては「その意思に反して、免官、転官、転所、職務の停止又は報酬の減額をされることはない。」（四八条）と規定している。このような身分保障を認めることにより、はじめて裁判官は自らが正しいと考える判断を行うことができるのである。

ところで、下級裁判所の判決に対して上訴がなされ、これが破棄された場合、下級裁判所の判断は違法であり、これにより損害が発生していれば不法行為として賠償請求がなされることが考えられる。もしも、これが認容されるならば、自らが正しいと考える判断を下すことに萎縮的効果が及び、上級審におもねるなど公正な裁判の実現に悪影響が及ぶ可能性がある。そこで、裁判官に賠償責任を負わせることについて、日米ともにかなり消極的に考えている。

上訴審においてその判決が取り消された裁判官に対する損害賠償請求（最二判昭和五七・三・一二民集三六巻三号三二九頁）

●事実の概要

Aは、ミシン縫製業を、Bは、ミシンの販売・修理をそれぞれ営んでいる。Aは、Bに本件ミシンの改造修理を依頼し、引き渡したが、未修理のまま二年近く経過してから返還された。Aは、この間ミシンを使用できなかったことから発生した損害賠償請求を行った。ところで、Bは、別件でAにある機械装置を売り渡し、調子が悪いとして返還されたが、その返還を受けるまでAがこれを使用していたため、その価値が半額に減少していたので、その部分についての賠償債権を有し、この債権の担保として、本件ミシンを上述のごとく留置していたと主張した。

この事件においてC裁判官は、Bが本件ミシンを留置するためには、Aに対する損害賠償請求権が本件ミシンに関して生じたものでなければならない。しかし、この請求権は別件の機械装置の売買に関するもので関連性を有しない。そこで、Bの抗弁は認められずAに対する債務不履行が成立すると判断した。

しかしながら、当事者双方はいずれも商人であり、双方商人間の商行為より生じた債権を被担保債権とする留置権については商法五二一条が適用され、被担保債権と留置物との間に関連性があることを必要とせず、Bを敗訴させたことは違法であった。

そこで、Bは、C裁判官が商法五二一条を適用しなかったことには重大な過失があるとして、国を被告に、国家賠償法一条一項に基づいて損害賠償請求を行った。

●——判　旨

「裁判官がした争訟の裁判に上訴等の訴訟法上の救済方法によって是正されるべき瑕疵が存在したとしても、これによって当然に国家賠償法一条一項の規定にいう違法な行為があったものとして国の損害賠償責任の問題が生ずるわけのものではなく、右責任が肯定されるためには、……当該裁判官がその付与された権限の趣旨に明らかに背いてこれを行使したものと認めうるような特別の事情があることを必要とする……本件において……法令の解釈・適用の誤りがあったとしても、それが上訴による是正の原因となるのは格別、それだけでは未だ右特別の事情がある場合にあたるものとすることはできない」。

アメリカの判例

アメリカにおいても、裁判官に免責特権が及ぶとしている。しかし、その及ぶ範囲が職務上の行為すべてに及ぶのか、それとも限定されるかについては争いがある。

裁判官の判断に対する絶対的免責の保障（Stump v. Sparkman, 435 U.S. 349（1978））

事実の概要

Aの母親Bは、Aの知的障害等の理由から、Aに不妊手術を行うように申立てを行い、C裁判官によって承認され、施術がなされた。二年後、AはDと結婚したが妊娠しなかったため、不妊手術を受けたことを知るにいたった。そこで、AとDは、不妊手術によりAの憲法上の権利が侵害されたとして、Cらを相手に損害賠償を請求した。Cは、裁判官への絶対免責を主張した。

原審は、裁判官は、悪意をもって判決をくだしたり、権限を逸脱していても免責されるが、ただ、いかなる裁判管轄権にも基づかずに判断している場合は別であるとしている。Cは、Aの不妊手術の申立てに対して承認を与える権限を認められていない。州法は、いかなる状況において不妊の手術ができるかについては規定しているが、この手術への裁判官による承認に関する明文規定は存在しないからである、とした。

判旨

裁判官は、自らに認められた権限を行使する場合、その結果の責任を問われることを懸念することがあってはならない。すなわち、裁判官は自らの判断に関して民事責任を負うべきではない。たとえその判断が、管轄権を越えている場合であっても、また、悪意でなされたものであったとしても、である。この裁判官への免責特権は公民権法上および憲法上の不法行為に基づく訴訟においても妥当する。

原審は、州法は、いかなる状況において不妊の手術ができるかについては規定しているが、この手術への裁判官による承認に関する明文規定は存在せず、Cの権限の逸脱を強調する。しかし、Aの不妊手術申立てに対してCが判断を下すことが、明らかに裁判管轄権を欠いているとはいえない。この申立てを判断する権限を、裁判官に明示的に否定する規定が存在しないことの方が重要である。個別法律によって、他の機関等に管轄権を認める規定がある場合を除いて、裁判所には一般的な管轄権が認められているからである。

このように多数意見は裁判官への絶対的な免責を認めた。しかし、その限界点を明らかにしようとする意見も有力である。

●――スチュワート裁判官の反対意見（マーシャル、パウエル両裁判官同調）

裁判官の免責特権の範囲は司法行為（judicial acts）に限定される。Cの行為はこれを超えていると判断する。多数意見は、Cによる不妊手術の承認が司法行為にあたるとする二つの理由を掲げている。第一に裁判官が通常果たしている機能であること。第二に、裁判官の資格（judicial capacity）で行われたこととしている。しかし、裁判官が、母親が自分の子どもに不妊施術を施すことについて承認を求め、その希望に承認を与えることが裁判所の通常の機能である、と考えることはできない。

第４節　裁判官の政治活動

裁判官の判断の公正・妥当性は、客観的な法の解釈・適用により解決がもたらされたことによって担保されるから、裁判官は、恣意的判断や公平さを疑わせる外観をもつことにも、慎重でなければならない。これについて、裁判官による政治活動が問題になる。

裁判官による盗聴法制定に反対する投稿および市民集会への参加（最大決平成一〇・一二・一民集五二巻九号一七六一頁）

事実の概要

Ａ判事補は、法制審議会が、組織的犯罪対策法要綱骨子を法務大臣に答申したことに関連し、裁判官の令状に基づく通信傍受を認める法案の問題点を指摘する文書を、身分を明らかにしたうえで、Ｂ新聞に投稿し掲載された。この法案については政党間でも、市民団体でも意見がわかれていたが、Ａは、これに反対するグループが主催するシンポジウム（本件集会）に参加した。Ａは、フロアから、裁判所の所長から懲戒もあり得るとの警告を受けたので、依頼されていたパネリストとしての参加を取りやめたが、法案に反対の立場を表明しても「積極的な政治運動」にあたるとは考えない、と発言した（本件発言）。

裁判所法五二条一号は、裁判官に禁止される行為として「国会若しくは地方公共団体の議会の議員となり、又は積極的に政治運動をすること。」を掲げ、同法四九条は「裁判官は、職務上の義務に違反し……たときは……裁判によつて懲戒される。」としていた。そして、本件発言は、法案を廃案に追い込むという本件集会の目的を支持し、推進する役割を果たし「積極的な政治運動」にあたるとして、戒告の懲戒処分がなされ、これを不服とするＡが争った。

判旨

「裁判官は、独立して中立・公正な立場に立ってその職務を行わなければならないのであるが、外見上も中立・公正を害さないように自律、自制すべきことが要請される……職務を離れた私人としての行為であっても、裁判官が政治的な勢力にくみする行動に及ぶときは、当該裁判官に中立・公正な裁判を期待することはできないと国民から見られるのは、避けられない」。

「本件集会は、単なる討論集会ではなく、初めから本件法案を悪法と決め付け、これを廃案に追い込むことを目的とするという党派的な運動の一環として開催されたものであるから、そのような場で集会の趣旨に賛同するような言動をすることは、国会に対し立法行為を断念するよう圧力を掛ける行為であって、単なる個人の意見の表明の域を超える」。

「例えば、裁判官が審議会の委員等として立法作業に関与し、賛成・反対の意見を述べる行為は、立法府や行政府の要請に基づき司法に携わる専門家の一人としてこれに協力する行為であって……禁止されるものではない。裁判官が職名を明らかにして論文、講義等において特定の立法の動きに反対である旨を述べることも、その発表の場所、方法等に照らし、それが特定の政治運動を支援するものではなく、一人の法律実務家ないし学識経験者としての個人的意見の表明にすぎないと認められる限りにおいては……禁止されるものではない」。

アメリカの判例

裁判官の選挙運動と政治問題に関する発言（Republican Party of Minnesota v. White, 536 U.S. 765 (2002)）

●事実の概要

A州憲法においては、州の裁判官すべてについて、選挙が行われる。候補者は、現職も含めて、論争されている法的または政治的問題についての発言を禁止されている（アナウンス条項）。Bは、州最高裁の陪席裁判官に立候補するにあたり、連邦地裁にアナウンス条項が修正一条に違反することの宣言とその執行の差止めを求めて訴えを提起した（なお、アナウンス条項のもとでも、候補者の性格、教育、勤務態度、行政事務の処理の方法などに加えて、法廷内カメラ、処理件数の減少化の方法、コストの減少方法、少数者や女性が一層公平に扱われるための方策について述べることは認められていた）。第一審も控訴裁も、アナウンス条項は修正一条に違反しないとの判断を示したが、合衆国最高裁は、この条項は修正一条に違反すると判断した。

●判　旨

控訴審は、アナウンス条項を審査するにあたり、やむにやまれぬ州利益のために狭く定められているかどうかを審査する厳格な基準を用い、その結果州裁判制度が「不偏」であること、および「不偏」の外観を維持するとの二つの利益は、アナウンス条項を正当なものとするためのやむにやまれぬ利益であるとした。しかしながら、「不偏」は、裁判官が一定の問題に関して贔屓したり逆に拒絶したりしないことも意味する。この場合、この条項は「狭く」定められたとはいえない。なぜならば、提起された法律問題に関して裁判官が一定の立場に立っているならば、これと反対の立場に立つ当事者が敗訴しても、裁判官が法を公正に適用していることに変わりはないからである。この意味での「不偏」を求めるための手段として発言を禁止することは狭く定めた法律といえない。

次に、「不偏」は特定の法的な見識について「先入観をもっていない」との意味をもちうる。しかし、法について先入観をもたない裁判官を見出すことは不可能であり、法律問題について裁判官の先入観を排除することは可能でもなければ望ましいことでもない。さらに、「不偏」についての三つ目の意味は、「広い受容性」である。以前と変わらず一貫した判断を示さねばならないとの圧力から裁判官を解放するために、アナウンス条項が定められているとしている。しかし、裁判官は論争されている法律問題について法廷以外でしばしば発言している。

選挙運動期間中にどのように問題について議論すべきかを選択するのは政府の果たす機能ではない。選挙期間中に候補者が選挙人に情報提供することを禁止することは認められない。

●――ケネディ裁判官の同意意見

裁判官による政治問題への発言は修正一条の保護の例外にはあたらない。候補者の政治的言論は修正一条の核心にあり、その内容に直接の制限を課すことは政府の規制権限が及ばない。「狭い手段」が用いられたかどうか、あるいは「やむにやまれぬ利益」が存在しているかどうかを検討するまでもない。

裁判官候補者の政治的言論を積極的に理解し、その制約に批判的な多数意見に対して、これを消極的に理解するのが四名の裁判官の反対意見である。

●――スチーブンス裁判官の反対意見（スータ、ギンズパーク、ブライヤ三裁判官同調）

裁判官の仕事と他の公務員の仕事との間には、重大な相違がある。民主主義においては政策の問題は投票によって決定される。すなわち、公衆に支持されている立法者および執行部の仕事である。しかし、訴訟において、法または事実の問題は投票によって判断されてはならない。これらは、公衆に支持されることを意識しない裁判官の仕事なのである。数えきれない裁判官が、数えきれない事件の中で、公衆に支持されない判断を示し、また、訴訟当事者の少なくとも五〇％によって憎まれる判断を示している。

司法部の正当性は最終的には不偏性と非党派性に基づいている。

●――ギンズバーグ裁判官の反対意見（スチーブンス、スータ、ブライヤ三裁判官同調）

政治部とは異なって、裁判官は特定の選挙民に迎合すること、または争訟が提起されるに先立って、論争されている問題にかかわることを慎むことが期待されている。裁判官は、立法部、執行部とは異なり、政治的な活動者ではない。特定の人、コミュニティ、党派の代表としてその職についているわけではない。人気というものに無関係なものが裁判官の職である。裁判官がコモンローを発展させ、憲法の文言に具体的な意味を与えたとしても個々の裁判においてであり、その結果は人民の意思に依存するものではない。したがって、政治的な職の選挙において、制限なき言論が求められることの根拠をなしている理由は、裁判官の選挙活動に際しても同様に当てはまる理由とはならないのである。

第5節 裁判所による違憲法令審査権

憲法は最高法規であるが、その現実的意味は、これに反する一切の法令等は効力を生じないということである（九八条一項）。制定者は、憲法に違反しないとの確信をもって法令等を世に送り出したにもかかわらず、見方・立場を変えれば違憲と判断せざるを得ない場合も少なくない。そこで、法令等について、客観的・最終的に、合憲・違憲、有効・無効の判断が示される必要がある。その役割を担っているのが、司法権の独立・身分保障を有し、法律上の争訟に判断を示す裁判所である。すなわち、憲法八一条は「最高裁判所は、一切の法律、命令、規則又は処分が憲法に適合するかしないかを決定する権限を有する終審裁判所である。」としている。

この規定は、最高裁判所のみに法令審査権を認めているようにも読めるが、最高裁判所が終審裁判所である点に力点が置かれ、下級裁判所にも法令審査権が認められることで学説・判例は一致している。ただ、問題になるのは、この審査権が行使されるタイミングである。憲法違反の法令等の是正を、徹底的、迅速に行うためには、これを専門とする裁判所が必要になる。この代表的なものがドイツを中心に設置されている憲法裁判所である。

しかし、日本国憲法においては、憲法裁判所の設置は予定されておらず、通常の裁判所が、担当する事件を解決するのに必要な限りで憲法判断を行うとされている。すなわち、具体的な事件に適用される法律を、その適用に先立って有効であることを確かめるために憲法判断を行うのである。憲法裁判所を設置した場合に比べると、偶然性が強い、不徹底な審査にとどまっている。そこで、憲法裁判所の導入については、改憲論も含めて検討されているが、現時点では、具体的審査制を前提に裁判が行われている。

一　最高法規と具体的審査制

憲法八一条は、最高裁判所に、憲法裁判所としての機能を持たせているのではないかが争われた事件がある。最高裁は、具体的な事件が提起されてはじめて、法令の審査を開始することができる、具体的審査制が予定されていることを確認している。

違憲法令審査権の性質―警察予備隊違憲訴訟―（最大判昭和二七・一〇・八民集六巻九号七八三頁）

●―事実の概要

Aは、社会党の国会議員であるが、国がなした警察予備隊の設置ならびに維持に関する一切の行為（行政行為、事実上の行為、私法上の行為、警察予備隊の設置・維持に関する法令規則の一切を含む）が無効であるとの確認を求め、最高裁判所に訴えを提起した。

●―判　旨

「わが裁判所が現行の制度上与えられているのは司法権を行う権限であり、そして司法権が発動するためには具体的な争訟事件が提起されることを必要とする。我が裁判所は具体的な争訟事件が提起されないのに将来を予想して憲法及びその他の法律命令等の解釈に対し存在する疑義論争に関し抽象的な判断を下すごとき権限を行い得るものではない。けだし最高裁判所は法律命令等に関し違憲審査権を有するが、この権限は司法権の範囲内において行使されるものであり、この点においては最高裁判所と下級裁判所との間に異るところはない」。

「[憲法八一]条は最高裁判所が憲法に関する事件について終審的性格を有することを規定したものであり、従つて最高裁判所が固有の権限として抽象的な意味の違憲審査権を有すること並びにそれがこの種の事件について排他的すなわち第一審にして終審としての裁判権を有するものと推論することを得ない」。

「最高裁判所が……法律命令等の抽象的な無効宣言をなす権限を有するものとするならば、何人も違憲訴訟を最高裁判所に提起することにより法律命令等の効力を争うことが頻発し、かくして最高裁判所はすべての国権の上に位する機関たる観を呈し三権独立し、その間の均衡を保ち、相互に侵さざる民主政治の根本原理に背馳するにいたる恐れなしとしないのである」。

二　当事者適格

具体的審査制のもとで、裁判所が、法令の憲法判断を行うためには、違憲が疑われている法令が存在するというだけでは足りず、現実にそれが執行・適用され、具体的な憲法違反が発生していることが必要である。この場合、裁判所は、法令の執行により自らの人権を侵害された当事者の救済をはかるために必要な限りで憲法判断を下すことが原則である。そこで、問題になるのは、だれが、いかなる法令の憲法判断を求めることができるか、である。これを当事者適格と呼んでいる。

当事者適格は正確には二段階でチェックされ、裁判という制度を利用する資格があるかどうか、およびこの資格があることを前提に、憲法問題を提起する適格があるかどうか、が問題になる。アメリカでは、前者を standing to sue、後者を standing to issue と使い分けている。日本においては、行政事件訴訟法における原告適格をめぐる議論が前者にあたり、後者については、次の第三者所有物没収事件がその典型である。

憲法上の争点を提起する適格—第三者所有物没収事件—（最大判昭和三七・一一・二八刑集一六巻一一号一五九三頁）

事実の概要

Ａ水上警察署司法巡査等は、海上警邏《ら》中に、Ｂ機帆船を発見し、停船させ、任意で船内検索を行った。積載されていた貨物は、発送地も荷主行先地も曖昧であり、荷送り状もなく、さらに、被告人等は、朝鮮近海の海図、羅針盤を所持していたため、密輸出の嫌疑で逮捕され、有罪となった。ところで、関税法一一八条一項は、密輸出の罪の付加刑として、積載されていた貨物等の没収について定め、本件においても、被告人等が第三者から輸送を依頼されていた貨物が没収された。その際に、貨物の所有者に対しては、告知・弁解・防御の機会を与える規定がなく、憲法三一条の手続保障に違反しているかが問題になった。

さらに、この問題については、そもそも、被告人が、この第三者の権利を自らが被告人となっている刑事裁判の場面で主張することができるのかが問題になった。最高裁は、従来からの判例を変更して、これを認めた。

判　旨

「没収の言渡を受けた被告人は、たとえ第三者の所有物に関する場合であつても、被告人に対する附加刑である以上、没収の裁判の違憲を理由として上告をなしうることは、当然である。のみならず、被告人としても没収に係る物の占有権を剝奪され、またはこれが使用、収益をなしえない状態におかれ、更には所有権を剝奪された第三者から賠償請求権等を行使される危険に曝される等、利害関係を有することが明らかであるから、上告によりこれが救済を求めることができる」。

最高裁は、当事者への現実の作用が、同時に第三者の権利を巻き込んでいる場合に、この権利を裁判で主張することが認められるとしている。これに対して、あくまで当事者自身の権利侵害に限定されることを主張する意見がある。

●——下飯坂潤夫裁判官の反対意見

「憲法八一条の下で裁判所に付与されている違憲審査権は司法権の範囲内で行使すべきであり、司法権が発動するためには具体的に争訟事件が提起されていることが必要である……具体的争訟事件の中において、自己に付き適用されない又は自己に合憲に適用される法令等を、他人に適用される場合、違憲になることの理由で攻撃し、違憲審査権の発動を促すことが許されるものであろうか」。

「違憲審査の対象となる法令等により当事者が現実の具体的不利益を蒙つていない場合に、その違憲性についての争点に判断を加えることは、将来を予想して疑義論争に抽象的判断を下すことに外ならず、司法権行使の範囲を逸脱する……本件についてこれを見るに、没収に係る貨物は被告人が密輸出しようとしていた犯罪貨物であり、それが被告人以外の第三者の所有に係るものである……右の犯罪貨物の没収の裁判確定により、被告人としては没収に係る物の占有権を剝奪され、または、これが使用収益をなし得ない状態におかれ、更には所有権を剝奪された第三者から賠償請求権等を行使される危険に曝される等利害関係を有する……が、没収物の所有者たる第三者が賠償請求権を行使するかどうかは未定の問題であり、この危険は未確定、抽象的なものに止る。したがつて、被告人は本件没収の裁判により現実的には何ら具体的不利益を蒙つているわけではない」。

「具体的争訟事件中において……違憲審査の対象となる法令等により当事者が現実の具体的不利益を蒙つていない場合に、その法令等が他人に適用される場合他人の憲法上の権利を侵すとして抗争するのは、他人の憲法上の権利に容喙干渉し、これが救済を求めることに帰着するから許されない」。

アメリカの判例

アメリカにおいて、裁判所は、憲法三条により「事件または争訟」を解決するのに必要な限りでその判断を下している。「事件または争訟」が何を意味するかは難しい問題であるが、原告に対して「経済的ないしその他の事実上の損害（injury in fact）をもたらしているかどうか」を中心として考察される（Data Processing Services v. Camp, 397 U.S. 150（1970））。しかし、最高裁は、憲法三条の要件に加えて、賢明さ（prudence）の要件により、standing に絞りをかけている。そして、賢明さの要件の一つが、第三者の権利援用の禁止である。しかし、これには例外が認められている。当事者と第三者の密接な関連性と、第三者が自らの権利を裁判で主張できない現実的な障害がある場合である。

医師による患者の自己決定権の援用（Singleton v. Wulff, 428 U.S. 106（1976））

●事実の概要

A州においては、医療扶助プログラムにより、一二項目の医療項目について財政上の援助が行われている。その項目の一つに家族計画があるが、妊娠中絶については「治療の必要性が認められる」場合に限定して、扶助が認められていた。Bは、A州で免許を得ている医師であるが、自らが実施した妊娠中絶に関し、患者から扶助申請がなされたが拒否された。そこでBは、扶助が認められる妊娠中絶を「治療の必要が認められる」場合に限定することは、医師が最も適切と考える治療を施すことを阻み、子を産むか産まないかを判断する女性の根本的な権利を奪っていると主張した。最高裁は、Bが憲法三条の「事件または争訟」を提起していることを前提に、第三者である患者の権利侵害を法廷で主張することができるかについて、次のように判断した。

●──判　旨

最高裁は、憲法三条の要件を満たした者についても、第三者の権利を法廷で援用することを拒否してきた。その理由は、第一に、権利の保持者自身は、実際のところはこの権利を主張することを望まないかもしれず、また、当事者の法廷における勝訴または敗訴の結果にかかわらず、第三者はこの権利を享受しているかもしれないからである。第二に、第三者その人こそ、通常は、自らの権利の最良の支持者であるからである。

しかしながら、一般論としては第三者の権利援用が認められないが、これには例外がある。すなわち、訴訟当事者とその権利を援用しようとする第三者との関係が密接であり、自らが権利を主張するのと同じように、効果的にこれを支持することが期待できる場合である。さらに、第三者が自分の権利を主張できない現実の障害が存在し、法廷でこの権利を主張する機会がないという場合である。

本件は、この例外にあたり、医師が第三者である女性患者の中絶の権利を法廷において主張することが認められる。女性は、医師の援助なくしては安全に中絶を行うことができず、また、貧困な状態にある女性は、州の扶助を受けなければ中絶費用を医師に支払うことができない。このように、女性の、中絶するか否かの決定に医師は密接に関与している。さらに、女性がこの権利を主張するにはいくつかの障害がある。妊娠中絶に関するプライバシーが、法廷において暴露されることに女性は躊躇を覚え、結果として、その権利を法廷にもち出すことに萎縮的効果がはたらく。さらに、中絶の主張は容易にムート（事後に訴えの利益が消滅）になってしまうということである。

三　司法審査の対象

憲法判断に際して、だれが、審査にもち込むことができるのか、「人」に着目するのが「適格」の議論であるが、いかなる「問題」について判断を下すことができるのかを問題にするのが「対象」の議論である。ここでは、条約、統治行為、私人間の争いにおける宗教上の教義、国の私法行為と憲法判断について、順次、紹介していく。

① 条　約

条約は、国家間における文書の合意であるが、これを違憲法令審査権の対象とすることができるかどうか、争いがある。まず、憲法が、最高法規として条約に優位しているかが問題になる。日本国憲法九八条一項は、憲法の最高法規性およびこれに違反する法令の無効を規定しているが、「法律、命令、詔勅及び国務に関するその他の行為」とし、条約は明文では掲げられていない。逆に同条二項は「日本国が締結した条約……は、これを誠実に遵守することを必要とする。」と規定している。

しかし、条約の締結権は、憲法によって内閣に与えられ、したがってその権限を授権する憲法を破壊する条約を締結することはできないであろう。この限りで、憲法優位と考えてよいと思われる。

ところで、条約は、国家間の合意であって、国内においてその内容に法的効力を生じさせるためには、別途、国内法が制定されなければならない。これを媒介とし、その前提となる条約を憲法判断の対象とするのである。もっとも、法律の制定を待たず直ちに国内において法的効力を生ずる条約も存在しうるので、この場合には、条約への直接審査が可能である。

さらに、国内効力を生じている条約であっても、これを審査の対象とする場合には問題がある。国家間、国際間の微妙な問題、力関係・政治的駆け引きの中から生まれてくる条約について、裁判所がどこまで審査できるか、その結果に責任を負うことができるのか、問題になる場合がある。

日米安全保障条約と憲法九条──砂川事件──（最大判昭和三四・一二・一六刑集一三巻一三号三二二五頁）

●──事実の概要

東京調達局は、アメリカ空軍の使用する立川飛行場内民有地の測量を開始したが、反対者により右飛行場の境界柵が破壊され、そこから、被告人らは、立入り禁止の区域に立ち入った。この行為が「日本国とアメリカ合衆国との間の安全保障条約第三条に基づく行政協定に伴う刑事特別法（刑事特別法）」二条に該当するとして起訴された。

原審は「合衆国軍隊の駐留がわが憲法の規定上許すべからざるものであるならば、刑事特別法二条は国民に対して何等正当な理由なく軽犯罪法に規定された一般の場合よりも特に重い刑罰を以て臨む不当な規定となり……憲法第三一条……に違反する結果となる」とし、「わが国が外部からの武力攻撃に対する自衛に使用する目的で合衆国軍隊の駐留を許容していることは、指揮権の有無、合衆国軍隊の出動義務の有無に拘らず……禁止されている陸海空軍その他の戦力の保持に該当［し］……憲法上その存在を許すべからざるものと言わざるを得ない」とし、軽犯罪法の規定よりも重い刑罰をもって臨む刑事特別法二条は、憲法三一条に違反して無効であるとして、被告人に無罪を言い渡した。最高裁は破棄し差し戻した。

●──判　旨

日米安全保障条約は、時の内閣が「憲法の条章に基き、米国と数次に亘る交渉の末、わが国の重大政策として適式に締結し、その後……衆参両院において慎重に審議せられた上、適法妥当なものとして国会の承認を経た」。

「その内容が違憲なりや否やの法的判断は、その条約を締結した内閣およびこれを承認した国会の高度の政治的ないし自由裁量的判断と表裏をなす点がすくなくない。それ故、右違憲なりや否やの法的判断は、純司法的機能をその使命とする司法裁判所の審査には、原則としてなじまない性質のものであり、従つて、一見極めて明白に違憲無効であると認められない限りは、裁判所の司法審査権の範囲外のものであつて、それは第一次的には、右条約の締結権を有する内閣およびこれに対して承認権を有する国会の判断に従うべく、終局的には、主権を有する国民の政治的批判に委ねらるべきものである」。

「アメリカ合衆国軍隊……は外国軍隊であつて、わが国自体の戦力でないことはもちろん、これに対する指揮権、管理権は、すべてアメリカ合衆国に存し……その目的は、専らわが国およびわが国を含めた極東の平和と安全を維持し、再び戦争の惨禍が起らないようにすることに存し……わが国の防衛力の不足を、平和を愛好する諸国民の公正と信義に信頼して補なおうとしたものに外ならない……かようなアメリカ合衆国軍隊の駐留は、憲法九条、九八条二項および前文の趣旨に適合こそすれ……違憲無効であることが一見極めて明白であるとは、到底認められない」。

最高裁は、日米安保条約に関して「一見極めて明白に違憲無効」ではない限り、司法審査権の範囲外であると判断した。この考え方が、条約一般に対する司法審査に当てはまるのかは必ずしも明らかではなく、また、「一見極めて明白かどうか」については、司法審査は及んでいるともいえる。逆に、司法審査は一切及ばず、いわゆる統治行為にあたるとしたとの理解も可能である。このようにいくつか疑問点もあって、裁判官の個別意見が多く付されている。

これらについて紹介すると、まず統治行為論については、藤田八郎裁判官・入江俊郎裁判官の補足意見が次のように説明している。「直接国家統治の基本に関する高度に政治性のある国家行為は、たとえ、法律上の争訟となる場合においても……裁判所の審査権の外にあり、その判断は主権者たる国民に対して政治的責任を負うところの政府、国会等の政治部門の判断に委され、最終的には国民の政治判断に委ねられている……この司法権に対する制約は、結局三権分立の原理に由来し、当該国家行為の高度の政治性、裁判所の司法機関としての性格、裁判に必然的に随伴する手続上の制約等にかんがみ、特定の明文による規定はないけれども、司法権の憲法上の本質に内在する制約と理解すべきである」。

しかしながら、多数意見はこのような純粋な統治行為論に立っていないことが指摘されている。むしろ、裁量論で説明しようとするのが島保裁判官の補足意見である。「わが国がその指揮管理下に戦力を保有すること以外のいかなる手段によつてわが国の存立をまつとうすべきか……直接これを規定することなく、政治部門の裁量決定に委ねる趣旨と解さざるを得ない。もとより、わが憲法の基本精神が平和主義・国際協調主義にある以上、政治部門がこのことを決定するに当つては、できるかぎりこの精神に忠実でなければならない……この意味において……政策決定の基本方針ないし裁量決定の基準となるものと解さねばならない……わが国の政治部門は、国際社会になお侵略戦争の危険があるとの認識を基礎として、世界の平和と安全を維持するための機構である国際連合がなお理想的機能を発揮し得ない国際情勢にかんがみ……さし当り、安保条約を締結して合衆国軍隊を駐留させることが最も適切な方法であるとの決定に到達した……この判断を基礎としてなされた政治部門の決定が明白に平和主義・国際協調主義の精神に反し裁量権の限界を超えるものと断定し得ない」。

これに対して、統治行為論と裁量論とでは論理的に一貫しないと批判するのが、奥野健一裁判官・高橋潔裁判官の意見である。「多数意見は……本件安保条約は裁判所の司法審査の範囲外のものであるとしながら、違憲であるか否かが『一見極めて明白』なものは審査できるというのであつて、論理の一貫性を欠く……安保条約の国内法的効力が憲法九条その他の条章に反しないか否かは、司法裁判所として純法律的に審査することは可能であるのみならず、特に、いわゆる統治行為として裁判所がその審査判断を回避しなければならない特段の理由も発見できない」。

同様に、統治行為論に批判的であるのが小谷勝重裁判官の意見である。「多数意見の到達するところは……わが憲法上の三権分立のうち、立法行政二権に対する司法権唯一の抑制の機能たる違憲審査権は、国の重大事項には全く及ばないこととなり……わが三権分立の制度を根本から脅かす……各機関固有の権限行為または固有の裁量行為は当該機関の専権に属し、他機関がこれを冒すことはできないけれども……内容に違憲が存在するときは、それは裁判所の違憲審査の対象となることは、力よりも法を優位とし法の支配を実現せんとする違憲審査の制度に照して疑いない……統治行為説または裁量行為説には、少なくともわが憲法上は到底賛同することができない」。

確かに、司法審査の対象にはならないとする統治行為論と、司法審査が及ぶことを前提にその権限の逸脱・濫用に限定して判断を下す裁量行為論とを混在させるような多数意見はわかりにくい。そこで最高裁は、衆議院の解散権の所在が問題になった後の事件において、統治行為論を正面から認める判断を下している。

② 統治行為論

衆議院の解散の効力と統治行為論—苫米地事件—（最大判昭和三五・六・八民集一四巻七号一二〇六頁）

●事実の概要

Aは衆議院議員であったが、昭和二七年八月二八日に行われた衆議院の解散（本件解散）により、その身分を失った。しかしながら、本件解散は憲法に違反して無効であるため、これによって議員の身分は失われず、したがって任期満了までの歳費の支払いを求めて訴えを提起した。第一審は、本件解散が憲法に違反して無効であるとし、請求を認容したが控訴裁はこれを取り消し、最高裁は上告を棄却している。

●――判　旨

「本件解散無効に関する主要の争点は、本件解散は憲法六九条に該当する場合でないのに単に憲法七条に依拠して行われたが故に無効であるかどうか……である。しかし、現実に行われた衆議院の解散が、その依拠する憲法の条章について適用を誤つたが故に、法律上無効であるかどうか……のごときことは裁判所の審査権に服しないものと解すべきである」。

「わが憲法の三権分立の制度の下においても、司法権の行使についておのずからある限度の制約は免れないのであつて、あらゆる国家行為が無制限に司法審査の対象となるものと即断すべきでない。直接国家統治の基本に関する高度に政治性のある国家行為のごときはたとえそれが法律上の争訟となり、これに対する有効無効の判断が法律上可能である場合であつても、かかる国家行為は裁判所の審査権の外にあり、その判断は主権者たる国民に対して政治責任を負うところの政府、国会等の政治部門の判断に委され、最終的には国民の政治判断に委ねられているものと解すべきである。この司法権に対する制約は、結局、三権分立の原理に由来し、当該国家行為の高度の政治性、裁判所の司法機関としての性格、裁判所に必然的に随伴する手続上の制約等にかんがみ、特定の明文による規定はないけれども、司法権の憲法上の本質に内在する制約と理解すべきものである」。

「衆議院の解散は……これにつづく総選挙を通じて、新な衆議院、さらに新な内閣成立の機縁を為すものであつて、その国法上の意義は重大であるのみならず……内閣がその重要な政策、ひいては自己の存続に関して国民の総意を問わんとする場合に行われるものであつてその政治上の意義もまた極めて重大である……かくのごとき行為について、その法律上の有効無効を審査することは司法裁判所の権限の外にあり……この理は……当該衆議院の解散が訴訟の前提問題として主張されている場合においても同様であ」る。

このように、最高裁は、衆議院の解散に関して統治行為論により司法審査は及ばないとしたが、司法審査が及ぶとする裁判官の個別意見がある。小谷勝重裁判官・奥野健一裁判官の意見は「政府において、既に解散は合憲であるとしている以上、裁判所はそれに盲従し、憲法上無効な解散までも有効なものと判断しなければならないとすることは、憲法八一条の明文に照し裁判所の職責に反する……解散は憲法八一条にいう『処分』であつて、正に裁判所の違憲審査権の対象である」。

また、河村大助裁判官の意見は「内閣や国会の有する広汎な政策的ないし裁量的決定の権限はこれを尊重すべきは当然のことであり、かつその実体がもつぱら政治的性格をもつものについては、裁判所の自制も妥当であろうが……それが市民法秩序につながりをもち、直接国民の権利義務に影響する場合において、司法審査の問題を生ずる……衆議院の解散の効力如何が原告の議員として有する権利の存否に直接影響すること明らかな本件においては、その前提を為す解散の方式、手続が憲法の定めるところに適合して行われたりや否やは一切の政策的評価を排除して法律的判断を為すことが可能である」としている。

アメリカの判例

アメリカにおいても、法令の解釈適用によって解決しうる、現実の争訟が提起されても、その性質が高度に政治的であり、最終的な解決を政治部門にゆだねるのがふさわしいならば司法判断適合性を欠く、として裁判所はこれを審査の対象としていない。その根拠について、少し古い事件であるが紹介しよう。

政治問題の法理と州選挙区への議員配分（Baker v. Carr, 369 U.S. 186（1962））

●事実の概要

A州議会は、上院議員三三名、下院議員九九名から構成され、その任期は二年、人口数に応じて各地区に配分されることになっていたが、人口が変動しているにもかかわらず、配分を定める法律は六〇年以上も改正がなされなかった。そこで、投票価値の平等を侵害されたとして、この法律が修正一四条の平等保護条項に違反することの宣言と、この法律に基づく選挙の実施を差し止めること、さらには、法律の改正がなされないならば、裁判所が人口調査結果に基づいて機械的に議員配分を行うこと等を求めて訴えが提起された。

●判　旨

議員配分の問題は、司法判断適合性を欠く政治問題とはいえない。

確かに、議員配分に関しては、四条四節の共和政体保障条項が関係し、この問題は、司法判断適合性を欠く政治問題であるとの主張がなされる。しかしながら、本件の申立ては、この共和政体保障条項に基づいているわけではなく、平等保護条項への侵害が主張されており、この問題は司法判断適合性がある。

もっとも、何が政治問題を提起しているかは、あいまいな点があるのでまずこの概念から説明する。ある問題が、政治問題の範疇に該当するかどうか判断する場合に、われわれの政治システムのもとで、政治部門に最終的な決定権を帰属させることが適切であるのかどうか、および、裁判所が判断を下すために必要とされる基準が欠けているかどうかが重要な考慮事項である。政治問題が司法判断適合性を欠くとされるのは、主として権力分立の果たす機能という観点からである。どの問題の解決が、憲法上、裁判所以外の部門にゆだねられているかはデリケートな問題であるが、これを判断するのは、憲法の最終的な解釈者である合衆国最高裁の責任である。

たとえば、外交問題は政治問題であると幅広く主張されている。この問題の解決は司法によらず、立法部、執行部に明らかにゆだねられた裁量により解決される。しかし、外交問題にかかわる事件または争訟すべてについて、裁判所の判断が及ばないとすることは誤りである。この分野において最高裁は、提示された具体的な問題に対して、それぞれ異なった分析を行ってきた。すなわち、政治部門がその問題をどのように扱ってきたかという歴史やその問題の性質および提示のされ方を考慮し、裁判所がそれを扱うのがふさわしいかどうか、その下す判断がどのような結果をもたらしうるかという観点からの分析である。

裁判所は、統治行為論において、国家権力の分立という観点から司法審査を避けているが、私人間の紛争の解決のために「宗教上の教義」に関する解釈を裁判所が行わなければならないという場合にも審査を避ける場合がある。宗教団体内部に対立があるにもかかわらず、裁判所が「宗教上の教義」に関していずれかの立場を支持することは、裁判所の能力を超えると同時に、個人または団体の信教の自由を侵害する可能性があるからである。

③ 私人間の争いと宗教上の教義

1 板まんだら事件（最三判昭和五六・四・七民集三五巻三号四四三頁）

●事実の概要

Aらは、B宗教法人が、広宣流布達成の時期に、本尊である「板まんだら」を安置する「事の戒壇」たる正本堂を建立する資金として、寄付を行った。しかし、正本堂完工に際してBは前言を翻し、正本堂は戒壇の完結ではなく、広宣流布はいまだ達成されていないと言明した。また、「板まんだら」は偽物とした。そこで、Aらは、寄付行為は重要な要素に錯誤があり無効であるとして、寄付金の返還を求めて訴えを提起した。

原審は、Aらは錯誤に基づき交付した金員を不当利得として返還を求めるものであり、裁判所は審判権を有する。単なる事実の存否、個人の主観的意見または感情に基づく精神的不満、学問上、技術上の論争は裁判の対象にならないが、Aらの請求は不当利得返還請求権の存否を目的とするものでありこれらにはあたらない、とした。最高裁はこれを破棄した。

●――判　旨

「裁判所がその固有の権限に基づいて審判することのできる対象は……当事者間の具体的な権利義務ないし法律関係の存否に関する紛争であつて、かつ、それが法令の適用により終局的に解決することができるものに限られる……これを本件についてみるのに……主張する錯誤の内容は、（一）……『板まんだら』は……本尊でないことが本件寄付の後に判明した、（二）……広宣流布はまだ達成されていないと言明した……（一）の点については信仰の対象についての宗教上の価値に関する判断が、また、右（二）の点についても……宗教上の教義に関する判断が、それぞれ必要であり、いずれもことがらの性質上、法令を適用することによつては解決することのできない問題である」。

「本件訴訟は、具体的な権利義務ないし法律関係に関する紛争の形式をとつており、その結果信仰の対象の価値又は宗教上の教義に関する判断は請求の当否を決するについての前提問題であるにとどまるものとされてはいるが、本件訴訟の帰すうを左右する必要不可欠のものと認められ、また、記録にあらわれた本件訴訟の経過に徴すると、本件訴訟の争点及び当事者の主張立証も右の判断に関するものがその核心となつている……結局本件訴訟は、その実質において法令の適用による終局的な解決の不可能なものであつて、裁判所法三条にいう法律上の争訟にあたらない」。

確かに「宗教上の教義」に関し、裁判所の判断が及ばないことは理解できるとしても、本件は錯誤を理由とする、不当利得返還請求の形をとっており、「法律上の争訟」は提起されている。したがって訴え却下ではなく、請求棄却ではないかとの意見がある。

●寺田治郎裁判官の意見

「信仰の対象についての宗教上の価値ないし教義に関する判断が必要であつて、これらはいずれもことがらの性質上法令を適用することによつては解決することのできない問題であるゆえ、裁判所の審判の対象となりえない……しかし……本訴請求は……金銭の返還を求める不当利得返還の請求、すなわち金銭の給付を求める請求であつて、前記宗教上の問題は、その前提問題にすぎず、宗教上の論争そのものを訴訟の目的とするものではないから……法律上の争訟にあたらないものであるということはできず、本訴請求が裁判所の審判の対象となりえないものであるということもできない」。

「請求の当否を決する前提問題について宗教上の判断を必要とするため裁判所の審判権が及ばない場合には、裁判所は、当該宗教上の問題に関する……錯誤の主張を肯認して本件金銭の給付が無効であるとの判断をすることはできない……から、該給付の無効を前提とする……本訴請求を理由がないものとして請求棄却の判決をすべきものである」。

宗教上の教義をめぐる争いとして、宗教団体の代表役員の地位に関する問題も提起されている。宗教法人の代表役員が、法主という宗教上の最高権威者を兼務している場合、誰がその地位についているかを裁判所が判断することは、宗教上の教義に関わるとして問題がある。しかしながら、その地位をめぐる紛争に裁判所が一切介入できないとすることによって混乱が生じ、さらには、宗教法人の代表について判断することは、宗教上の教義への介入とは別次元でなされうるのではないかとの批判がある。

2　日蓮正宗代表役員等地位不存在事件（最三判平成五・九・七民集四七巻七号四六六七頁）

事実の概要

原告らは、いずれも被告・宗教法人に包括される末寺の住職、主管又は在勤教師であるが、被告・Aが、被告・宗教法人の代表役員及び管長の地位を有しないことの確認を求めて訴えを提起した。まず、被告・宗教法人の代表役員には、管長が就き、法人を代表し事務を総理する。管長は一宗を総理し、宗制を制定し、僧階の昇級、僧侶の懲戒その他の宗務を執行する。管長には法主の職にある者を充てる。法主は権僧正以上の能化の中から次期の法主を選定でき、次期法主の指名（相承）がなされた場合、相承の儀式が行われ、即座に相承を受けた僧侶が新法主に就任する。法主がやむを得ない事由により次期法主を選定できないときは、総監、重役及び能化が協議して能化若しくは大僧都のうちから次期法主を選定する。

本件においては、法主の急逝を受けて、被告・Aは、通夜の席上、自分が一五カ月ほど前に法主から内密に次期法主の相承を受けた旨を披露した。しかし、相承を受けたとすれば直ちに法主に就任したか、又は次期法主として指名されたなら学頭と称され、公表されたはずであるがそのような事実はない。したがって、被告・Aは法主を僭称しており、その地位にない、と原告らは主張した。これに対して被告らは、法主の地位にあるかどうかは「血脈相承」という高度に宗教的な行為について判断しなければならないから、裁判所の審理の対象とならず、原告の訴えは却下されるべきと主張した。

判　旨

「日蓮正宗においては、代表役員は、管長の職にある者をもって充て、管長は、法主の職にある者をもって充てるものとされているところ、代表役員は、宗教法人法に基づき設立された宗教法人である日蓮正宗を代表する地位であり、法主は、日蓮正宗の宗教上の最高権威者の呼称であって、宗教活動上の地位である……右事実関係によれば、［A］が代表役員及び管長の地位にあるか否かを審理、判断するには、［A］が法主の地位にあるか否かを審理、判断する必要があるところ……日蓮正宗においては、法主は、宗祖以来の唯授一人の血脈を相承する者であるとされているから、［A］が法主の地位にあるか否かを審理、判断するには、血脈相承の意義を明らかにした上で、同人が血脈を相承したものということができるかどうかを審理しなければならない。そのためには、日蓮正宗の教義ないし信仰の内容に立ち入って審理、判断することが避けられないことは、明らかである。そうであるとすると、本件訴えは、結局、いずれも法律上の争訟性を欠き、不適法として却下を免れない」。

以上の多数意見に対して、法主の選定があったかどうかについては、これを推定させる間接事実からの判断が可能であり、この点についての審査は及ぶとする反対意見がある。

●大野正男裁判官の反対意見

「私は、本件に法律上の争訟性が欠けるとすることに同意することができない……日蓮正宗にあっては……法主の選任手続としては、『法主は、必要と認めたときは、能化のうちから次期の法主を選定できる……』（宗規一四条二項）と定めている。本件の争点は、まさに［A］が右宗規に適合して法主に『選定』されたか否かである……『選定』は、『血脈相承』という宗教的儀式によってされる……しかし『血脈相承』は日蓮正宗の教義ないし信仰の内容に関わる宗教的儀式であって、その意義及び存在は、裁判所の判断の対象とはならない……しかし、そのことから直ちに法主の『選定』の有無が裁判所によって判断できない非法律的な宗教的事項になるわけではない。法主の『選定』があったか否かは、『血脈相承』それ自体を判断しないでも、『選定』を推認させる間接事実（例えば、就任の公表、披露、就任儀式の挙行など）の存否、あるいは選任に対する日蓮正宗内の自律的決定ないしこれと同視し得るような間接事実（例えば、責任役員らによる承認、新法主による儀式の挙行と列席者の承認など）の存否を主張立証させることによって判断することが可能である。『選定』の直接事実は『血脈相承』であり、それは裁判所の判断すべき事項ではないが、右例示の間接事実は、教義、教理の内容にわたるものではなく、裁判所にとって判断可能な社会的事実であり、これらの事実の存否によって、裁判所は〔A〕が宗教法人たる日蓮正宗の代表役員である否かを判定することが可能であり、また必要である」。

「日蓮正宗は宗教団体であると同時に、国家法である宗教法人法によって設立されている法人である……法人格を取得し法律上の能力が与えられ……その限りにおいて法律的世俗的存在でもあって……規則（代表役員の任免は必要的記載事項……）によって代表役員が選定されたか否かは、まさに法律的事項である。したがって、その選定の直接事実が教義、教理にかかわる宗教的儀式であるからといって、直ちに本件紛争そのものが法律上の争訟性を欠くとすることは適当ではない……司法権が及ばないとすると……代表役員の地位が司法上確定できないことになり、本来は法律的事項に関する紛争についても司法権による法の実現ができず、法人の……運営が困難になる……それはおよそ裁判所が宗教団体の自主性を尊重することとは、全く反対の結果となる」。

裁判所による介入・審査に関しては、私人間だけでなく、国家と私人との間でも問題になることがある。まず、対国家であっても、民法その他私法上の問題が提起されているならば、別扱いする必要は原則としてない。しかしこの場合にも、その国家の私法上の行為の目的や態様が、憲法に違反するとの主張がなされる場合がある。この場合、私法による解決に優先して憲法判断を行うべきかが問題になる。これを消極的に理解した事件を紹介しよう。

④ 国の私法行為と憲法判断

百里基地事件（最三判平成元・六・二〇民集四三巻六号三八五頁）

事実の概要

国は、航空自衛隊の基地を建設するために、その用地を取得しようとしたが、地元に基地反対の運動がおこり、反対派の指導者Aが町長に当選した。しかし、国は土地所有者等と折衝し、大部分の用地の買い受けを終了した。Bは、基地建設に不可欠な土地（本件土地）を所有し、当初は基地建設反対派であったが、その後、国の買収交渉に応ずるようになった。そこで、Aらは、本件土地を買い取ろうとし、Aの使用人で農業を営むCを買主とする売買契約を成立させ、本件土地の一部について所有権移転登記、他の部分については停止条件付所有権移転の仮登記を行った。

ところが、Cが残代金を支払わなかったため、Bは、停止条件付契約解除の意思表示を行い、国との売買交渉を再開し、本件土地を売り渡す売買契約（本件売買契約）を締結した。そして所有権移転登記をし、さらに、Cを債務者として、本件土地の一部について売買契約の解除を理由とする処分禁止の仮処分を得て、その旨登記した。他方、Aは、これらについて訴訟係属中であることを知りながら、Cから本件土地の売買契約を締結した。そこで、本件売買契約の効力が争われている。

この事件ではいくつか重要な憲法問題が提起されているが、自衛隊基地建設を目的とする本件売買契約の締結行為が、憲法九条の戦争の放棄・戦力不保持に違反するかどうかについては、国が私人と対等の立場で行った私法上の行為は、九八条の「国務に関するその他の行為」に該当せず、したがって、これが憲法に違反して無効となることを憲法は予定していないとした。

判旨

「憲法九八条一項は……憲法に違反する……法形式の全部または一部はその違反する限度において法規範としての本来の効力を有しないことを定めた規定であるから……同条項に列挙された法律、命令、詔勅と同一の性質を有する国の行為、言い換えれば、公権力を行使して法規範を定立する国の行為を意味し……私人と対等の立場で行う国の行為は……法規範の定立を伴わないから……『国務に関するその他の行為』に該当しない……本件売買契約は、国が行つた行為ではあるが、私人と対等の立場で行つた私法上の行為であり、右のような法規範の定立を伴わない」。

次に、防衛庁設置法およびその関連法令が違憲・無効であるならば、本件売買契約はその準拠法規を欠くことになり無効となるので、これら法令の憲法判断が本件契約の有効無効を判断する前提問題として審査されるべきとの主張に対しては、国による個別の需要を満たすための私法上の契約締結には準拠法律は不要である。したがって準拠法の違憲合憲を審査する必要はないとした。

「[国とBとの間で締結した] 本件売買契約は、国がその活動上生ずる個別的な需要を賄うためにした私法上の契約であるから……国がその一方の当事者であつても、一般の私法上の効力発生要件のほかには、なんらの準拠法規を要しない……本件売買契約の私法上の効力の有無を判断するについては、防衛庁設置法及びその関連法令についての違憲審査をすることを要するものではない」。

以上のように、国の私法行為が憲法の規定に触れるかどうか、裁判所が審査するにあたり微妙な問題があるが、他方、私人間の問題について憲法を適用して解決できるかどうかについても問題がある。憲法の規定、とりわけ人権保障は、その歴史的沿革からも、対国家権力において保障され、私人間の問題に適用されることは予定されていなかった。しかし、現代社会においては、国家に匹敵するような権力が出現すると同時に、憲法の価値は対国家権力においてのみ実現されればよいのか問題になってきた。これについて次に紹介しよう。

四　人権条項の私人間への間接適用

憲法は、沿革的に、強大な権力を備える国家と国民との関係を規律している。そこで、対等な関係にある私人間の問題には、原則として私法が適用され、憲法の保障は及ばないと考えられてきた（無適用説）。しかしながら、憲法の人権保障の考え方は、単に国家との関係で実現されればよいのではなく、私人間においても共通する普遍的な価値を示している。そこで、私人間に憲法が直接に及ぶ（直接適用説）とはいえないにしても、私法を媒介として憲法の価値も私人間に及びうるとするのが基本的な考え方となっている（間接適用説）。

1　私企業の採用試験と思想の自由事件（最大判昭和四八・一二・一二民集二七巻一一号一五三六頁）

●――事実の概要

Aは B会社の採用試験に合格し、三ヵ月間の試用期間を前提に採用されたが、この期間満了直前に本採用を拒否された。Bは本採用拒否の理由として、Aは採用試験の際に提出を求められた身上書の記載欄に虚偽の記載をし、記載すべき事項（在学中の無届デモ等への参加の事実）を秘匿し、面接試験において虚偽の回答（学生運動に興味なく参加もなし）をし、このような行為は詐欺にあたり、Bの管理職要員としての適格性を欠いていると主張した。

Aは、Bが社員採用試験にあたり、入社希望者からその政治的思想、信条に関する事項について申告を求めることは、憲法一九条の保障する思想、信条の自由を侵害し、信条による差別待遇を禁止する憲法一四条に違反する等と主張し、本採用拒否が無効であり、Bに対し雇用契約上の権利を有することの確認を求めて訴えを提起した。原判決は、労働者に優越する地位にある企業が、労働者に対して憲法一九条が保障する思想、信条の自由をみだりに侵すことは許されない。そして、その思想・信条のいかんによって事業の遂行に支障をきたすことは、通常の会社においては考えられないから、これらに関係ある事項について申告を求めることは公序良俗に反して許されないとした。

最高裁は、原判決を破棄し差し戻した。

判旨

(1) 私人間への直接適用の否定

「憲法［一九条および一四条は］……国または公共団体の統治行動に対して個人の基本的な自由と平等を保障する目的に出たもので、もつぱら国または公共団体と個人との関係を規律するものであり、私人相互の関係を直接規律することを予定するものではない……これらの規定の定める個人の自由や平等は、国や公共団体の統治行動に対する関係においてこそ、侵されることのない権利として保障されるべき性質のものである」。

「私人間の関係においては、各人の有する自由と平等の権利自体が具体的場合に相互に矛盾、対立する可能性があり……その対立の調整は……原則として私的自治に委ねられ、ただ、一方の他方に対する侵害の態様、程度が社会的に許容しうる一定の限度を超える場合にのみ、法がこれに介入しその間の調整をはかるという建前がとられている……基本権保障規定をそのまま私人相互間の関係についても適用ないしは類推適用すべきものとすることは、決して当をえた解釈ということはできない」。

(2) 私的自治と民法の一般的制限規定

「私人間の関係においても、相互の社会的力関係の相違から、一方が他方に優越し、事実上後者が前者の意思に服従せざるを得ない……私的支配関係においては、個人の基本的な自由や平等に対する具体的な侵害またはそのおそれがあり、その態様、程度が社会的に許容しうる限度を超えるときは……私的自治に対する一般的制限規定である民法一条、九〇条……の適切な運用によつて、一面で私的自治の原則を尊重しながら、他面で社会的許容性の限度を超える侵害に対し基本的な自由や平等の利益を保護し、その間の適切な調整を図る方途も存する……この場合、個人の基本的な自由や平等を極めて重要な法益として尊重すべきことは当然であるが、これを絶対視することも許され」ない。

（3）　企業の雇入れの自由

「憲法は……経済活動の自由をも基本的人権として保障している。それゆえ、企業者は……契約締結の自由を有し……いかなる者を雇い入れるか……原則として自由にこれを決定することができるのであつて、企業者が特定の思想、信条を有する者をそのゆえをもつて雇い入れることを拒んでも、それを当然に違法とすることはできない」。

最高裁は、私人間の争いについては、憲法の直接適用を否定し、私法の一般条項の解釈適用により解決すべきことを明らかにした。しかし、憲法は一切適用されないのか、間接適用の可能性はあるのか、については明言を避けていた。これについて、間接適用を示唆した事件を紹介する。

2　私企業における女子若年退職制と法の下の平等事件（最三判昭和五六・三・二四民集三五巻二号三〇〇頁）

事実の概要

A社は就業規則によって、定年年齢を男子六〇歳、女子五五歳と規定していたところ、この男女の区別に合理性があるかが争われ、原審は、A社においては、女子従業員が担当できる職務は相当に広く、個人の能力を離れて一律にA社への貢献度が上がらないとする根拠はなく、男女とも六〇歳前後であれば、通常の職務においてその遂行能力に欠けるところはないので、定年年齢において女子を差別しなければならない理由は認められないとした。

最高裁もこれを支持した。

●――判　旨

「[A] 会社の就業規則中女子の定年年齢を男子より低く定めた部分は、専ら女子であることのみを理由として差別したことに帰着するものであり、性別のみによる不合理な差別を定めたものとして民法九〇条の規定により無効であると解するのが相当である（憲法一四条一項、民法一条ノ二参照）」。

アメリカの判例

アメリカにおいては、私人間における黒人差別が大きな社会問題であり、これを実際の裁判で救済するためには、憲法の私人間への適用が必要であったという背景がある。その試みの一つとして、黒人差別を増長する私人間契約の履行を、裁判所が強制する限りにおいて国家権力が介入するので、ここをとらえて憲法を適用するという理論を紹介する。

裁判所による私人間協定の執行と憲法の適用（Shelley v. Kraemer, 334 U.S. 1（1948））

事実の概要

ある土地の所有者三九名のうち三〇名は、今後、五〇年間、黒人等に対し、居住目的での土地の所有または賃借を禁止する協定を結んだ。黒人であるAは、制限協定を知らずに、この土地の一区画を取得したところ、他の所有者Bが、制限協定によりAによる区画の取得は認められないとして訴えを提起した。第一審は、制限協定が成立するには、所有者全員の同意が必要であるところ、これが得られていないので効力は生じないとしたが、原審は、これを破棄した。最高裁は、制限協定を裁判所が執行することにより、修正一四条の平等および財産権の保障を侵害する、とした。

判　旨

憲法の禁止の規定は、政府の行為にのみ及び、財産に関する私人間の契約を無効とすることはない。しかし、本件において問題になっているのは、私人間の契約そのものではなく、この契約を裁判所が執行することが認められるかどうかである。

財産の取得、収益、処分等の権利が、州の差別的な行為から保護されることについて、修正一四条が保障していることはいうまでもない。しかし、財産権の平等な享受への制限が、州法によりなされた場合と私人の契約によってなされた場合とを同じに考えることはできない。私人間の制限協定そのものは、修正一四条によって保障された権利を侵害しえない。また、契約が任意に履行されている限りにおいては、州の行為は存在せず、修正一四条は侵害されない。

しかしながら、本件においては、契約は、これが州の裁判所により執行されることによってのみ、その目的を達成することができるのである。州裁判所および裁判所職員の活動が、修正一四条の意味での州の行為とみることができることについては、判例で確立されている。本件においては、両当事者間で、居住を目的とする土地の売買は任意に行われており、したがって、州裁判所の介入がなければ、何らの制約もなくAは土地を取得できたのである。

五　憲法判断の方法

違憲法令審査権の行使にあたり、その法令が国民に保障された自由等を侵害しているかの判断を行うために、裁判所は法令にどのようなアプローチをしていくか、審査の方法が重要である。以下、明確性、過度に広範、限定解釈、拡張・補充解釈について紹介していく。

① 明確性

刑罰法規は、何が犯罪とされ、いかなる処罰がなされるかを、あらかじめ明確に告知していなければ罪を問うことはできない。この点については刑事法上も、憲法三一条の法定手続の保障の要請を受け、罪刑法定主義として確立しており、この原理そのものについて疑いはない。しかしながら、法令の文言が「明確」であるのか、それとも「不明確」であるのかの判断は、それほど容易ではなく、技術的な限界もある。さらには、法令の文言には、ある程度の「一般性」も必要とされるところである。最高裁は、「交通秩序を維持すること」という条例の文言について「明確性」が争われた事件で、その文言を解釈することによって「明確性」違反の主張を退けたが、これを批判する有力な意見も存在する。

徳島市公安条例事件（最大判昭和五〇・九・一〇刑集二九巻八号四八九頁）

事実の概要

被告人は、「安保推進内閣打倒」等を表明する集団示威行進に、青年、学生約三〇〇名と共に参加したが、その途中、自らがだ行進を行い、及び、先頭列外付近で、笛を吹き、両手を上げて前後に振り、集団行進者にだ行進をさせるように刺激を与えたとして、前者については道交法違反、後者については徳島市条例に違反したとして起訴された。

判旨

「本条例三条三号の『交通秩序を維持すること』……は、その文言だけからすれば……いかなる作為、不作為を命じているのかその義務内容が具体的に明らかにされていない……しかしながら、およそ、刑罰法規の定める犯罪構成要件があいまい不明確のゆえに憲法三一条に違反し無効とされるのは、その規定が通常の判断能力を有する一般人に対して、禁止される行為とそうでない行為とを識別するための基準を示すところがなく……国民に対して刑罰の対象となる行為をあらかじめ告知する機能を果たさず、また、その運用が……機関の主観的判断にゆだねられて恣意に流れる……からである」。

「一般に法規は、規定の文言の表現力に限界がある……禁止される行為とそうでない行為との識別を可能ならしめる基準といっても、必ずしも常に絶対的なそれを要求することはできず、合理的な判断を必要とする……思想表現行為としての集団行進等は……それが秩序正しく平穏に行われ［る］……ことを要求しても……思想表現行為としての集団行進等の本質的な意義と価値を失わしめ……表現の自由を不当に制限することにはならない……本条例三条……三号に『交通秩序を維持すること』を掲げているのは……一般的に秩序正しく平穏に行われる場合にこれに随伴する交通秩序阻害の程度を超えた、殊更な交通秩序の阻害……と解される……通常の判断能力を有する一般人が、具体的場合において、自己がしようとする行為が……殊更な交通秩序の阻害をもたらすようなものであるか……通常その判断にさほどの困難を感じることはない」。

このように多数意見は「交通秩序を維持すること」という文言を「殊更な交通秩序の阻害」と解釈し、「明確性」の問題はないとした。確かに、この解釈は表現の自由に対する合理的な規制という観点から、説得力あるものといえよう。しかしながら、ここでの問題は、「解釈」以前の「文言」が、禁止行為をあらかじめ「告知」していたかどうかであって、あるべき規制の範囲がどこまでか、ではない。この点について指摘するのが高辻裁判官の意見である。

●──高辻正己裁判官の意見

「もとより、法規の適用には解釈がつきものであって、その解釈については、規定の文言だけではなく……法規全体との関係……目的……対象の性質と実態等が、考慮されてよい……多数意見［の解釈］は、一個の解釈としては間然するところがないが……通常の判断能力を有する一般人である行為者が、行為の当時において、理解するところであるとすることができようか……行為者に期待されるところは……規定の文言から素ぼくに感得するところの常識的な理解であって……考慮を重ねて得られる解釈ではあるまい」。

「本条例三条三号……は集団行進等における『殊更な交通秩序の阻害をもたらすような行為』であるといったところで、そこから具体的な行為としての限定を見出すことはでき［ない］……多数意見の掲示する『だ行進、うず巻き行進……フランスデモ』が……『殊更な……行為』の典型的なものであるとは解され……通常の判断能力を有する者が、その常識において、規定の文言から素ぼくに感得するところのものである……しかし、そのような典型的な行為ではない……行為については、どのような程度のものまでがその種の『殊更な……行為』に当たるとされるのか……疑問が残る」。

「本件におけるだ行進が、交通秩序侵害行為の典型的のもの……であることは、疑問の余地がない。それ故、本件事実に本条例三条三号、五条を適用しても、これによって被告人が、格別、憲法三一条によって保障される権利を侵害されることにはならない……元来、裁判所による法令の合憲違憲の判断は、司法権の行使に附随してされるものであって、裁判における具体的事実に対する当該法令の適用に関して必要とされる範囲においてすれば足りる……本件において、殊更、その具体的事実に対する適用関係を超えて……明確性の有無を論じて、その判断に及ぶべき理由はない」。

高辻反対意見は、「明確性」の問題は「通常の判断能力を有する一般人」が「文言から素ぼくに感得するところの常識的理解」に照らして判断されるべきで、裁判所が考慮を重ねた上での解釈により判断すべきではないとする。ただし、こうした視点から法令に不明確な点があるとしても、その事件の当事者にとって自身の行為が規制されていることが認識できていたかどうかを問題とすれば足り、まさに本件の被告人によるだ行進等は、規制の対象であることをあらかじめ認識することができたとした。この考え方は、いわゆる適用審査を徹底したものと思われる。

同様に、「明確性」が問題になっている場合にも、その事件の被告人の行為が規制の対象となっていることが明らかであれば、不明確性を理由にその法令を無効とすべきではないとするのが、後掲・広島市暴走族追放条例事件・堀籠幸男裁判官の補足意見である。

●――堀籠幸男裁判官の補足意見（広島市暴走族追放条例事件）

「被告人の本件行為は、本条例が公共の平穏を維持するために規制しようとしていた典型的な行為であり、本条例についてどのような解釈を採ろうとも、本件行為が本条例に違反することは明らかであり、被告人に保障されている憲法上の正当な権利が侵害されることはないのであるから、罰則規定の不明確性……を理由に被告人を無罪とすることは、国民の視点に立つと、どのように映るのであろうかとの感を抱かざるを得ない」。

「一般に……文言上の不明確性が見られることは稀ではない……条例の文面を前提にして、他の事案についての適用関係一般について論じ、罰則規定の不明確性を理由に違憲と判断して被告人を無罪とする前に……合理的な限定解釈が可能であるかを吟味すべきである……安易な合憲限定解釈は慎むべきであるが、条例の規定についてその表現ぶりを個々別々に切り離して評価するのではなく……その全体的な評価をすべきものであり、これまで最高裁判所も、このような観点から合憲性の判断をしてきている……本条例……を全体的に見てみると……社会通念上の暴走族の追放を目的としたものであり……処罰対象としている行為は……市長の命令に違反した行為だけである……本条例施行規則二条は、市長の留意事項として、基本的人権を制限する等の権限の逸脱を戒め、三条は、中止・退去命令を出すに際しては、一号ないし六号に掲げる事項を勘案して判断するものとし……市長の中止・退去命令の対象は、既存の暴走族及びこれと同視することができる集団に限るものと解される」。

② 過度に広範性

「明確性」の問題は、法令の文言が、禁止内容を事前に明確に告知しているかどうかを問題としたが、同様にその文言が広範なために、国民の自由等を侵害する場合に無効とする審査が行われる。これが、「過度に広範」の理論である。この審査が行われる場合にも「解釈」がなされるが、「明確性」と同様の議論がなされている。条例における「淫行」が過度に広範であるとして問題となった事件がある。

1　淫行条例事件（最大判昭和六〇・一〇・二三刑集三九巻六号四一三頁）

事実の概要

福岡県青少年保護育成条例一〇条一項は「何人も、青少年に対し、淫行又はわいせつの行為をしてはならない。」とし、違反者には刑事責任が科されるとしていた。被告人（二六歳）は、一六歳の少女とホテルで性交し、「淫行」に及んだとして起訴された。被告人は、「淫行」の文言は不明確かつ過度に広範であるとして無効であると主張した。

判　旨

「『淫行』とは、広く青少年に対する性行為一般をいうものと解すべきではなく、青少年を誘惑し、威迫し、欺罔し又は困惑させる等その心身の未成熟に乗じた不当な手段により行う性交又は性交類似行為のほか、青少年を単に自己の性的欲望を満足させるための対象として扱っているとしか認められないような性交又は性交類似行為をいう……このような解釈は通常の判断能力を有する一般人の理解にも適うものであり……処罰の範囲が不当に広過ぎるとも不明確であるともいえない」。

「『淫行』を広く青少年に対する性行為一般を指すものと解するときは……『淫行』の用語自体の意義に沿わないばかりでなく……真摯な交際関係にある青少年との間で行われる性行為等、社会通念上およそ処罰の対象として考え難いものをも含むこととなって、その解釈は広きに失する……また……単に反倫理的あるいは不純な性行為と解するのでは、犯罪の構成要件として不明確である」。

このように多数意見は「淫行」を「性行為一般」と解することは、その用語自体の意味から離れ、処罰の対象とは考えられないものを含むとして許されないとした上で、上記の意味に解釈して条例を合憲と理解した。同様に、条例中の「暴走族」が過度に広範として争われた事件がある。

2　広島市暴走族追放条例事件（最三判平成一九・九・一八刑集六一巻六号六〇一頁）

●事実の概要

被告人は、暴走族構成員約四〇名と共謀の上、午後一〇時三一分頃から、広島市が管理する公共広場において、広島市長の許可を得ないで、所属する暴走族のグループ名を刺しゅうした「特攻服」と呼ばれる服を着用し、顔面の全部もしくは一部を覆い隠し、円陣を組み、旗を立てる等威勢を示して、公衆に不安又は恐怖を覚えさせるような集会を行った。同日一〇時三五分ころ、集会を中止して退去するよう命令を受けたが従わず、同時四一分ころまで集会を継続した。そこで被告人は、広島市暴走族追放条例に違反したとして、第一審において、懲役四月、執行猶予三年の判決を受けた。

本条例二条七号は、「暴走族」につき「暴走行為をすることを目的として結成された集団又は公共の場所において、公衆に不安若しくは恐怖を覚えさせるような特異な服装若しくは集団名を表示した服装で、い集、集会若しくは示威行為を行う集団をいう。」と定義している。

●判旨

「本条例は、暴走族の定義において社会通念上の暴走族以外の集団が含まれる文言となっている……その文言どおりに適用されることになると、規制の対象が広範囲に及び、憲法二一条一項及び三一条との関係で問題がある……［しかし］、本条例の全体から読み取ることができる趣旨、さらには本条例施行規則の規定等を総合すれば……『暴走族』は、本条例二条七号の定義にもかかわらず、暴走行為を目的として結成された集団である本来的な意味における暴走族の外には、服装、旗、言動などにおいてこのような暴走族に類似し社会通念上これと同視することができる集団に限られる」。

この事件においても、最高裁は、「暴走族」の定義は、社会通念上の暴走族以外の集団を含み、これへの規制は過度に広範にわたることを懸念しつつも、その解釈により、規制は憲法上許される範囲にとどまるとした。このように淫行条例事件も暴走族条例事件も、条例の文言そのものからすればその適用が違憲となる可能性を含んでいたが、いずれも解釈によってその合憲性を支持していた。しかしながら、「過度に広範」の攻撃を受けている法令に対して、違憲となる広範な部分を切り落とす限定解釈によって、その法令の合憲性を裁判所が支持することには批判がある。特に、表現の自由規制立法に対して批判的なのが、この事件における藤田裁判官の反対意見である。

●――藤田宙靖裁判官の反対意見

「法令の合憲限定解釈一般について、それを許さないとするものではないが、表現の自由の規制について、最高裁判所が法令の文言とりわけ定義規定の強引な解釈を行ってまで法令の合憲性を救うことが果たして適切であるかについては、重大な疑念を抱く」。

「被告人の本件行為は、本条例が……規制しようとしていた典型的な行為であって……規定自体に違反することは明らかである。しかしいうまでもなく、被告人が処罰根拠規定の違憲無効を訴訟上主張するに当たって、主張し得る違憲事由の範囲に制約があるわけではなく、またその主張の当否……を当審が判断するに際して、被告人が行った具体的行為についての評価を先行せしむべきものでもない」。

藤田裁判官は、表現規制立法に対しては、被告人に適用される限りの憲法判断ではなく、文面そのものについて過度に広範な部分があるかを判断すべきとしている。この問題は、具体的審査制の下での法令審査のあり方について、難しい問題を提起しているが、いずれにせよ、法令の合憲性を維持するために、法令の文言からは必ずしも導き出されない文言に限定する解釈が用いられている。このように、法令の文言をできるだけ憲法に適合するように狭く解釈し、その合憲性を維持しようとする解釈方法を合憲限定解釈というが、その問題点を紹介しよう。

③ 合憲限定解釈

合憲限定解釈によって、その文言を狭く限定して法令の合憲性を維持することには批判がある。前掲・淫行条例事件における多数意見は、「淫行」を「心身の未成熟に乗じた不当な手段」又は「青少年を単に自己の性的欲望の対象」としての性交を処罰する意味に理解し合憲性を維持したが、伊藤正己裁判官の反対意見は、これらは「解釈」の限界を超えたものとして批判している。

●──伊藤正己裁判官の反対意見（淫行条例事件）

「多数意見の示すような限定解釈は一般人の理解として『淫行』という文言から読みとれるかどうかきわめて疑問であつて、もはや解釈の限界を超えたもの……私の見解では、淫行処罰規定による処罰の範囲は……『誘惑し、威迫し、欺罔し又は困惑させる等』の不当な手段により青少年との性交又は性交類似行為がなされた場合に限られる……しかし、このような解釈は、『淫行』という文言の語義からいつて無理を伴うもので、通常の判断能力を有する一般人の理解の及びえないもので……解釈の域を逸脱したもの……本条例一〇条一項の規定は、犯罪の構成要件の明確性の要請を充たすことができないものであつて、憲法三一条に違反し無効……被告人は無罪である」。

さらに「淫行」の文言から手段の違法性を解釈によって導き出すことを批判しているのが、谷口正孝裁判官の反対意見である。

●――谷口正孝裁判官の反対意見（淫行条例事件）

「多数意見は……誘惑、威迫等の手段・方法に違法性のある場合を挙げるのであるが、一般人の理解として、行為自体の性質を示す『淫行』という概念から右のような手段の違法性までを導くことは、むしろその理解を超える……単に自己の性的欲望を満足させるための対象として扱つているとしか認められないような場合……も実にあいまいであり、融通無碍の概念規定である。性行為一般がもともと性的欲望の充足を目的とする人の営為であることを思えば……これを緩やかに解すれば……性行為を限定するものとしての機能を果すことを期待することはできず……厳しく解するとすれば、その点の立証は現実に著しく困難なものとなろう」。

「愛情その他人格的結合の欠如を要件とし……特定の動機、目的の存在を『淫行』の違法性を示すための必要な要件とするならば、条例の規定それ自体にそのことを明示すべきであり……これらの要件を……『淫行』概念の中に取り込んで理解するということは……一般人の理解を超える」。

谷口裁判官は、違法性については条文の中に明確に書き込まれなければならず、これを限定解釈により定めていくことに疑問を呈している。このように違法性と合憲限定解釈の関係については、国家公務員の争議権をめぐり激しく争われた前掲・全農林警職法事件の中でも問題になっていたので紹介しよう。

まず、この事件の背景には、前掲・都教組事件がある。この事件では、憲法二八条が勤労者の争議権を保障しているにもかかわらず、地公法三七条一項、同法六一条四号はその文言上これを禁止しているが、その意味は、その文言どおりに職員の一切の争議行為を禁止するのではなく、「可能なかぎり、憲法の精神にそくし、これと調和するよう、合理的に解釈される」とし、処罰の対象となるのは「争議行為自体が違法性の強いものであることを前提とし……あおり行為等の……違法性の程度には強弱さまざまのものがあり……争議行為に通常随伴して行なわれる行為のごときは、処罰の対象とされるべきものではない」として、いわゆる「二重の絞り」という限定解釈により法令の合憲性を維持した。

しかし、最高裁は、国公法が問題になった全農林警職法事件において、都教組事件の「二重の絞り」を否定し、その文言どおりに職員の争議行為・あおりを禁止するものと解釈した上で、その合憲性を維持した。

全農林警職法事件（最大判昭和四八・四・二五刑集二七巻四号五四七頁）

●判　旨

「公務員の行なう争議行為のうち……違法とされる争議行為にも違法性の強いものと弱いものとの区別を立て、あおり行為等の罪として刑事制裁を科されるのはそのうち違法性の強い争議行為に対するものに限る［ことは］……是認することができない。けだし……いうところの違法性の強弱の区別が元来はなはだ曖昧であるから刑事制裁を科しうる場合と科しえない場合との限界がすこぶる明確性を欠くこととな」る。

「争議行為に『通常随伴』し、これと同一視できる一体不可分のあおり等の行為を処罰の対象としていない趣旨と解することは、一般に争議行為が争議指導者の指令により開始され、打ち切られる現実を無視する……このように不明確な限定解釈は、かえって犯罪構成要件の保障的機能を失わせることとなり、その明確性を要請する憲法三一条に違反する疑いすら存する」。

最高裁が合憲限定解釈一般を否定しているのかは、必ずしも明らかではないが、「二重の絞り」の前提となる違法性の強弱の区別があいまいで、こうした解釈は構成要件の保障的機能を損なうとした。この多数意見をさらに詳細に説明するのが、岸盛一・天野武一裁判官の追加補足意見である。まず、合憲限定解釈自体は肯定されるにしても法文を書き改めるような解釈は許されず、また、その解釈によって犯罪構成要件が曖昧になることを避けなければならないとする。そして、先例である全司法仙台事件（最大判昭和四四年四月二日刑集二三巻五号六八五頁）が示した「違法性の強弱」を判断する基準も曖昧さを解消するものではないと批判している。

●――岸盛一・天野武一裁判官の追加補足意見

「いわゆる限定解釈は、憲法上の権利に対する法の規定が広汎にすぎて違憲の疑いがある場合に、もし、それが立法目的に反することなくして可能ならば、法の規定に限定を加えて解釈することによつて、当該法規の合憲性を認めるための手法として用いられる……その解釈により法文の一部に変更が加えられることとなつても、法の合理的解釈の範囲にとどまる限りは許されるのであるが、法文をすっかり書き改めてしまうような結果となることは、立法権を侵害するものであつて許さるべきではない……さらにまた、その解釈の結果、犯罪構成要件が曖昧なものとなるときは……罪刑法定主義にもとる」。

「あおり行為の対象となる争議行為の違法性の強弱を判定する基準の一つとして……全司法仙台事件判決の多数意見［の］……『社会の通念に反して不当に長期に及ぶなど国民生活に重大な支障』……とかいう基準はすこぶる漠然とした抽象的なものであつて、はたしてどの程度の障害、支障が重大とされるのか、これを判定する者の主観的な、時として恣意的な判断に委ねられる……そのような弾力性に富む伸縮自在な基準は、刑罰法規の構成要件の輪郭内容を極めて曖昧ならしめる……どの程度の時間的継続が不当とされるのか、これまた甚だ不明確な要件といわざるをえない……『社会の通念に照らし』という一般条項を構成要件のなかにとりこんでいることは、却てその不明確性を増す」。

これに対して、五裁判官の意見は次のように反論している。

●——田中二郎、大隅健一郎、関根小郷、小川信雄、坂本吉勝　五裁判官による意見

「基本的人権を侵害するような広範に過ぎる制限、禁止の法律といつても、常にその規定を全面的に憲法違反として無効としなければならないわけではなく……その大部分が合憲的な制限、禁止の範囲に属するようなものである場合には、当該規定自体を全面的に無効とすることなく、できるかぎり解釈によつて規定内容を合憲の範囲にとどめる方法（合憲的制限解釈）、またはこれが困難な場合には、具体的な場合における当該法規の適用を憲法に違反するものとして拒否する方法（適用違憲）によつてことを処理するのが妥当な処置というべきであ」る。

「いわゆる違法性の強弱という表現を用いた部分が、犯罪の構成要件としてその内容、範囲につき明確を欠くという批判を受けた……しかし……争議行為については……暴力なども伴わず、不当に長期にわたる等国民生活に重大な支障を及ぼす虞れのないものにかぎつているのであつて……また、これをあおる等の行為についても……発案、計画、遂行の過程において、単にその一環として行なわれるにすぎないいわゆる通常随伴行為にかぎり、いずれも処罰の対象から除外すべきものとするにあ」る。

その後、最高裁においては、違法性の強弱については比較衡量により判断すべきとの見解も示されている。

●——坂上壽夫裁判官の補足意見（最三判平成五・三・二集民一六八号二一一頁）

「争議行為禁止規定の合憲性が肯定されるのは、国家公務員の従事する業務は国民全体の利益と関連するものであり、現実に国家公務員の罷業、怠業等が国民生活の利益を害し、国民生活に重大な影響を及ぼすおそれがあるので、国民全体の利益を擁護するためその争議行為を禁止することもやむを得ない措置として是認できるからである……したがって、争議行為禁止規程に違反する行為の違法性の程度は、国民生活全体の利益と労働基本権を保障することにより実現しようとする法益とを比較衡量し両者を調整する見地から、当該行為が国民に及ぼした影響、争議行為を行うに至った経緯、その目的等の事情を考慮して判断することが必要であり、右違反者に対

して課せられる制裁としての懲戒処分は、必要な限度を超えないように、当該行為の違法性の程度に応じて慎重に決定されなければならない」。

以上の合憲限定解釈は、法令の文言を限定して、その合憲性・有効性を維持するための解釈方法であった。しかしながら、解釈により法令の合憲性を維持することは、その文言を狭く限定するだけでなく、拡張し、補充する方向でも行われうる。

④ 拡張・補充解釈による権利の創設

出生後認知と国籍取得（最大判平成二〇・六・四民集六二巻六号一三六七頁）

●——事実の概要

国籍法が、日本国籍取得に関して、嫡出子と非嫡出子を差別していることがまず問題になった。すなわち、日本人である父又は母の嫡出子であれば、子は日本国籍を取得する。次に、日本人の母の子は出生により同じく国籍を取得する。問題なのは、外国人の母の子で、日本人の父が認知すると国籍取得可能であるが、この場合、胎児認知が要件になっており、出生後の認知では国籍取得できない（準正が必要）。これを定める国籍法三条一項は、合理的理由なく、非準正子を差別しているとされた。しかしながら、この規定を憲法一四条一項に違反して無効と判断することは、準正子による国籍取得の道を閉ざすことになる。そこで、違憲法令審査権をいかに行使していけばよいか、問題となったのである。

判　旨

「本件区別による違憲の状態を解消するために同項の規定自体を全部無効として、準正のあった子……による日本国籍の取得をもすべて否定することは……同法の趣旨を没却するものであり……採り得ない解釈である……準正子……による日本国籍の取得を認める……を前提として……不合理な差別的扱いを受けている者の救済を図り……違憲の状態を是正する必要がある」。

「父から出生後に認知されたにとどまる子についても……父母の婚姻により嫡出子たる身分を取得したことという部分を除いた……要件が満たされる場合……日本国籍を取得することが認められるとすることによって……合憲的で合理的な解釈が可能となる……この解釈をもって、裁判所が法律にない新たな国籍取得の要件を創設［し］……国会の本来的な機能である立法作用を行うものとして許されないと評価することは……当を得ない」。

多数意見は、法令の文言から「準正」の要件を削除することは、「解釈」であって「創設」ではないとした。この点を強調するのが近藤崇晴裁判官の補足意見である。

近藤崇晴裁判官の補足意見

「多数意見は、国籍法三条一項……のうち準正要件を除いた他の要件のみをもって国籍の取得を認めるのであるが、これはあくまでも現行の国籍法を憲法に適合するように解釈した結果なのであって……立法政策上の判断によって準正要件に代わる他の要件を付加することは……憲法に適合している限り許される」。

この点をさらに具体的に説明しているのが今井功裁判官の補足意見である。

今井功裁判官の補足意見

「法律の規定が国民に権利利益を与える場合……その規定全体を無効とすると……根拠がなくなって……権利

利益を与えられない……しかし、……権利利益を与える要件としてA、Bの二つの要件を定め……A要件の外にB要件を要求することが平等原則に反し、違憲であると判断されたときに、A要件のみを備える者にも当該権利利益を与えることができるのかが、ここでの問題である……国会が……準正子と非準正子とを差別していることが平等原則に反し違憲であるとした場合には、非準正子も、準正子と同様に、国籍取得を認められるべきであるとすることも……法律の合憲的な解釈として十分成り立ち得る。このように考えれば……国籍法三条一項を憲法に適合するように解釈した結果、非準正子についても……国籍取得が認められる……のであって、同法の定める要件を超えて新たな立法をしたとの非難は当たらない」。

以上の補足意見は、国籍取得にあたり「準正」を要件としている部分が憲法一四条の平等に違反するので、この部分を削除することによって法令の合憲性を維持しながら、「非準正子」を救済できるとし、このことは解釈の枠の範囲で許されるとした。これに対して、藤田宙靖裁判官は、生後認知による国籍取得を認めるためには、単に「準正」を削除する解釈によるのではなく、拡張解釈による「創設」であるとし、本来、司法権の限界を超えるものとして許されないとする。

●——藤田宙靖裁判官の意見

「[国籍法三条一項]の合理的解釈によって違憲状態を解消しようとするならば……『過剰な』部分を除くことによってではなく、『不十分な』部分を補充することによってでなければならない……問題は……国籍法三条一項の拡張解釈を行うことが許されるか否かで……立法府の不作為による違憲状態の解消は専ら新たな立法に委ねるべきであり、解釈によってこれを行うのは司法権の限界を超えるものであるという……反対意見には、十分傾聴に値する」。

「立法府が既に一定の立法政策に立った判断を下しており、また、その判断が示している基本的な方向に沿って考えるならば、未だ具体的な立法がされていない部分においても合理的な選択の余地は極めて限られていると考えられる場合において、著しく不合理な差別を受けている者を個別的な訴訟の範囲内で救済するために……基本的判断に抵触しない範囲で、司法権が現行法の合理的拡張解釈により違憲状態の解消を目指すことは、全く許されないことではない」。

同様の考え方は、泉徳治裁判官の補足意見によっても示されている。

泉徳治裁判官の補足意見

「上告人に対しては、国籍法三条一項から『父母の婚姻』の部分を除いたその余の適用により、日本国籍が与えられるべきである……ただし、上記のような国籍法三条一項の適用は、国会の立法意思として、『父母の婚姻』の部分を除いたままでは同項を存続させないであろうというがい然性が明白である場合には、許されない」。

これに対して、横尾和子・津野修・古田佑紀裁判官の反対意見及び甲斐中辰夫・堀籠幸男裁判官の反対意見は、裁判所による解釈によって権利を創設することに疑問を呈している。

横尾和子・津野修・古田佑紀裁判官の反対意見

「非準正子が届出により国籍を取得することができないのは、これを認める規定がないからであって、国籍法三条一項の有無にかかわるものではない……多数意見は……準正子に係る部分を除くことによって、認知を受けた子全般に同項の効果を及ぼそうとする……認知を受けたことが前提になるからといって、準正子に係る部分を取り除けば、同項の主体が認知を受けた子全般に拡大するということにはいかにも無理がある……そのような拡大をすることは……解釈の域を越えて……国籍法が現に定めていない国籍付与を認め……実質的には立法措置である」。

●――甲斐中辰夫・堀籠幸男裁判官の反対意見

「国籍法は、憲法一〇条の規定を受け、どのような要件を満たす場合に、日本国籍を付与するかということを定めた創設的・授権的法律……である……要件に該当しない場合は、日本国籍の取得との関係では、白紙の状態が存在するにすぎない……多数意見は、同項の規定について、非準正子に対して日本国籍を届出によって付与しない趣旨を含む規定であり、その部分が違憲無効であるとしている……そのような解釈は、国籍法の創設的・授権的性質に反するものである上……準正子を出生後認知された子と読み替えることとなるもので、法解釈としては限界を超えている」。

この反対意見に対しては、さらに、今井功・捕捉意見は「国会がその裁量権を行使して行った立法の合憲性について審査を行うのは裁判所の責務である……与えられるべき保護を受けることができない者に対し、その保護を与えることは、……立法権を侵害するものではなく、司法権の範囲を超えるものとはいえない」と反論している。

第4章　財　政

憲法は、国の財政処理は、国会の議決に基づく必要があるとし、その収入である租税については、新たに課税しまたは現行の租税を変更するためには、法律によるとしている（八三条、八四条）。その支出の方法である予算については、内閣が作成し、国会の議決を経るとし（八六条）、収入支出の決算は、会計検査院が作成する決算報告を、内閣が国会に提出し（九〇条一項）、さらに、内閣は国の財政状況を国会と国民に報告しなければならない（九一条）。なお、公金その他の公の財産を、宗教団体等への便益および公の支配に属しない慈善事業等のために支出することは許されない（八九条）。

第1節　租税法律主義

税は、国民にとって最も身近で切実な影響を及ぼす。そのために、国民の直接の代表である国会がこれを定め、その内容は、課税要件、課税率等が明確・適正であり、かつ国民に予想外の負担を強いるものであってはならない。しかし、その一方で、税は、国家経済の根幹をなし、その具体的決定のためには高度の専門性を要する。また、累進課税が如実に物語るように、実質的平等に基づく、合理的区別を行うことが強く求められる領域である。裁判所は、自らが財政の権限を有せず、その責任を負うことがないので、先行する国会・内閣の判断を尊重する傾向がある。

一　租税と保険料

憲法八四条は「あらたに租税を課し、又は現行の租税を変更するには、法律又は法律の定める条件によることを必要とする。」と規定している。主権者国民の意思を反映する国会の定める法律によって、租税の内容等が決定されなければならない。この租税法律主義は、健康保険の保険料の決定についても及ぶであろうか。保険料については、税金の形をとることもまた可能であり、さらに、滞納には、両者ともに地方税の滞納処分の例により徴収される。このように共通する点もあるが、あくまで保険料は保険料支給への反対給付である。そこで、八四条の法律主義は、保険料に関しては直接には適用されないとするのが最高裁の判断である。

保険料への憲法八四条の適用（最大判平成一八・三・一民集六〇巻二号五八七頁）

事実の概要

Aは、国民健康保険の一般被保険者（世帯主）であり、B市はその保険者である。Aは、B市から平成六年度から八年度までの各年度の保険料について賦課処分を受けたが、これを不服として、その取消および無効確認を求めて訴えを提起した。国民健康保険法（法）は、市町村（特別区）を保険者とし、その区域内に住所を有する者を被保険者として、国民健康保険に強制的に加入させている。市町村は、世帯主から保険料を徴収するか、または保険税（目的税）を課することになるが、B市では保険料を徴収している。この場合にも、地方税の滞納処分の例により、強制徴収がなされうる。

保険料の賦課徴収に関する事項は、法八一条により、政令で定める基準により、条例で定めることとされている。これを受けて本件条例は、賦課総額の算定基準を定め、この基準に基づいて市長が保険料率を決定し、これを告示の方式により公示することとしていた。このことが憲法八四条「租税法律主義」に違反するかが問題となったのである。

●─判　旨

憲法八四条の租税とは「国又は地方公共団体が、課税権に基づき、その経費に充てるための資金を調達する目的をもって……一定の要件に該当するすべての者に対して課する金銭給付は、その形式のいかんにかかわらず、憲法八四条に規定する租税に当たる」。

「市町村が行う国民健康保険の保険料は……被保険者において保険給付を受け得ることに対する反対給付として徴収される……憲法八四条の規定が直接に適用されることはない……もっとも、憲法八四条は、課税要件及び租税の賦課徴収の手続が法律で明確に定められるべきことを規定するものであり……国民に対して義務を課し又は権利を制限するには法律の根拠を要するという法原則を租税について厳格化した形で明文化したものというべきである。したがって……租税以外の公課であっても、その性質に応じて、法律又は法律の範囲内で制定された条例によって適正な規律がされるべきものと解すべきであ」る。

「市町村が行う国民健康保険は、保険料を徴収する方式のものであっても、強制加入とされ、保険料が強制徴収され……租税に類似する性質を有するものであるから、これについても憲法八四条の趣旨が及ぶと解すべきであるが、他方において、保険料の使途は、国民健康保険事業に要する費用に限定されている……法八一条の委任に基づき条例において賦課要件がどの程度明確に定められるべきかは、賦課徴収の強制の度合いのほか、社会保険としての国民健康保険の目的、特質等をも総合考慮して判断する必要がある」。

「本件条例が……保険料率算定の基礎となる賦課総額の算定基準を定めた上で……［B］市長に対し、同基準に基づいて保険料率を決定し、決定した保険料率を告示の方式により公示することを委任したことをもって……憲法八四条の趣旨に反」しない。

●──滝井繁男裁判官の補足意見

「本件条例は……保険料の料率及び賦課額について、それが賦課総額によって定まるものとし、その算定の基礎となる費用及び収入の見込み額の対象になるものを明らかにしているにもかかわらず……これらの各見込額及び予定収納率を推計するに当たってよるべき基準……の決定を市長に委任している」。

「［保険料］の総額は保険給付に要した費用から国庫負担金などを差し引いた額相当額になるのであるから……給付内容が決まらない年度当初には給付内容の見込みによって決めざるを得ない……したがって、当初の見込額との間に差の生ずることは避けられず……この差額は年度の終了と共に客観的に定ま［り］……翌年度に繰り越されることになり、年初の予測の相当性はそれぞれの保険集団の民主的統制に服する」。

「保険料の料率や賦課額を条例で定めるものとしている法の趣旨に照らせば、この見込みや推計には専門的、技術的要素が多いにしろ、最終的な決定を議会に委ねるものとすることが……法の趣旨により合致する……しかしながら、本件条例のように、議会が一定の基準をもとにして事業に伴う費用及び収入についての推測をもとに賦課総額を決定することを市長に一任することとし、その結果必然的に生ずる推測額と実額との間の差額については……当年度の決算や次年度の予算の審議における統制に服せしめるにとどめることとしても……保険者自治の観点から許容されている」。

二　税法の遡及適用

法令は一般に、その制定・施行以後に発生した事実に適用されるのが原則であり、過去に遡って適用されるならば、既存の法的安定性を害し、予期せぬ不利益を国民に及ぼす可能性がある。そこで、例えば憲法三九条は「何人も、実行の時に適法であつた行為……については、刑事上の責任を問はれない。」とし、遡及処罰を禁止している。しかしながら、この規定は刑罰法規の不遡及を定めたものであり、税法の分野に直ちに適用されるとはいえないはずである。そこで、この点については、憲法八四条の租税法律主義を根拠に議論されることになるのである。

たとえば、津地判昭和五四年二月二二日行裁集三一巻九号一八二九頁は、同八四条は、税法の遡及適用を考える根拠になるとしている。「租税法律主義は、経済生活に法的安定性と予測可能性を保障することをその重要な機能とする」とし、そして、税法の遡及適用は、「法的安定性」「予測可能性」を害し、憲法八四条に違反しうるとする。もっとも、遡及に関して、刑罰法規に求められるのと同様の厳格さは、税法においては求められてはいない。むしろ、不遡及の原則は絶対ではなく「租税の性質及びそれが課される状況を考慮し、予測可能性が存在し、法的安定性に対する信頼を著しく害することがないとか、軽微な事項で納税者に著しい不利益を与えないといった範囲においては適用することも許される」としている。

すなわち、現実に抱える財政上の問題を、税法の整備により解決しなければならない国会に、上記「予測可能性」等をどれだけ厳格に守ることが期待できるのか、さらには、国会が、様々な考慮を行ったうえで税法の遡及適用を認めたにもかかわらず、「予測可能性」という観点からのみで、即座に裁判所がこれを否定してよいものか、問題になるのである。

この点、最高裁も、税法の遡及適用が憲法八四条の趣旨に反するかどうか、問題になりうると判断している。

長期譲渡所得に係る損益通算廃止と暦年初日への遡及適用（最一判平成二三・九・二二民集六五巻六号二七五六頁）

●事実の概要

改正前の租税特別措置法三一条によれば、個人が五年を超えて所有する土地建物等を譲渡（長期譲渡）した場合、その所得から特別控除額を控除した金額に対して二〇％の分離課税がなされ、他方、長期譲渡所得の計算上、損失が発生した場合には、これを他の所得金額から控除する損益通算が認められていた（長期譲渡所得に係る損益通算損益）。ところが、改正後には、長期譲渡所得に係る所得税の税率は一五％に軽減されたが、上記特別控除は廃止され、長期譲渡所得に係る損益通算は認められないことになった。

ところで、この改正後措置法は平成一六年四月一日から施行されたが、同年一月一日以後に行う土地等の譲渡に適用されるとされた。

Aは、平成五年以来所有する土地を譲渡する旨の売買契約を同一六年一月三〇日に締結し、同年三月一日に買主に引き渡した。Aは、平成一七年九月に、平成一六年分の所得税の確定申告を行い、長期譲渡所得に係る損益通算により還付がなされるべきとして更正の請求を行った。すなわち、改正後措置法は、施行日以前に行われた土地等の譲渡に適用される、納税者にとって不利益な遡及立法であり、憲法八四条に違反して無効であると主張した。これに対して所轄税務署長は、更正すべき理由がない旨の通知処分を行い、Aによる異議申立ておよび審査請求も棄却された。

●判　旨

（1）　改正の趣旨

「長期譲渡所得の金額の計算において所得が生じた場合には分離課税がされる一方で、損失が生じた場合には損益通算がされることによる不均衡を解消し、適正な租税負担の要請に応え得るようにするとともに、長期譲渡所得に係る所得税の税率の引下げ等とあいまって、使用収益に応じた適切な価格による土地取引を促進し、土地市場を活性化させて、我が国の経済に深刻な影響を及ぼしていた長期間にわたる不動産価格の下落（資産デフレ）の進行に歯止めをかける」ことにある。

「本件損益通算廃止に係る改正後措置法の規定を平成一六年の暦年当初から適用することとされたのは、その適用の始期を遅らせた場合、損益通算による租税負担の軽減を目的として土地等……を安価で売却する駆け込み売却が多数行われ……るおそれがあったため、これを防止する目的による」。

（2）　改正後措置法の遡及適用によって影響を受ける納税者の地位

「法改正により事後的に変更されるのは……納税者の納税義務それ自体ではなく、特定の譲渡に係る損失により暦年終了時に損益通算をして租税負担の軽減を図ることを納税者が期待し得る地位にとどまる」。

（3）　租税法規と立法者の広範な裁量

「租税法規は、財政・経済・社会政策等の国政全般からの総合的な政策判断及び極めて専門技術的な判断を踏まえた立法府の裁量的判断に基づき定立され……納税者の上記地位もこのような政策的、技術的な判断を踏まえた裁量的判断に基づき設けられた性格を有する」。

（4）　遡及適用と合理的制約

「暦年の初日から改正法の施行日の前日までの期間をその適用対象に含めることにより暦年の全体を通じた公

平を図られる面があり、また、その期間も暦年当初の三か月間に限られている。納税者においては、これによって損益通算による租税負担の軽減に係る期待に沿った結果を得ることができなくなるものの、それ以上に一旦成立した納税義務を加重されるなどの不利益を受けるものではない」。

「これらの諸事情を総合的に勘案すると……本件損益通算廃止に係る改正後措置法の規定を平成一六年一月一日以後にされた長期譲渡に適用するものとしたことは、上記のような納税者の租税法規上の地位に対する合理的な制約として容認されるべきものと解するのが相当である。したがって、本件改正附則が、憲法八四条の趣旨に反するものということはできない」。

アメリカの判例

アメリカにおいては、合衆国憲法修正五条「正当な法の手続によらないで、生命、自由または財産を奪われることはない。……」を根拠に、税法の遡及適用の問題が議論されている。すなわち、税法の遡及適用は予期せぬ税負担を納税者にもたらし、正当な法の手続の保障を侵害するというのである。しかし、最近の判例の傾向は、税法が予測可能性を侵害したかどうかよりも、その立法目的が正当であるかを判断する、消極的な司法審査がなされる傾向がある。

遺産への課税控除と遡及立法（United States v. Carlton, 512 U.S. 26（1994））

●事実の概要

A法律は、使用者が保有する有価証券を、被用者が保有できるように活動している団体（ＥＳＯＰ）に対して、遺産税申告期限前に売却した場合には、その利益の五〇％を控除するとしていた（旧法）。しかし、A法律は改正され、この控除は、死の直前に有価証券を所有していた場合に限定して適用されることになり、しかも一年以上前の旧法にまで遡って適用するとされた（改正法）。

Bは、死亡したCの遺言執行者であるが、遺産により有価証券を購入し、二日後にESOPに売却し、控除を利用しようとしたが、この遡及的な改正法によって、予定していた控除が得られなくなった。そこで、改正法は修正五条に違反して無効であると主張した。

原審は、この遡及適用は過酷で抑圧的であり、修正五条に違反するとしたが、最高裁は破棄した。

●――判　旨

法律の遡及適用が、正当な立法目的によって支えられているならば、その立法の賢明さについての判断は、立法府および行政府の排他的な領域内の事項である。

遺産により有価証券を購入し、直ちにESOPに売却して控除を受けることは、旧法を制定したときには議会が意図していなかったことである。その結果、議会の予想を上回る二〇倍以上の控除がなされることになった。改正法は、旧法の、この欠陥を是正する改善策的な内容を有し、その目的は正当である。

旧法の改正はすみやかになされ、遡及の程度も、一年よりわずかに長いだけである。また、この改正案は旧法の立法から数ヵ月以内に提案されており、目的を達成するための合理的な手段である。

確かにBは、旧法に依拠し損失を被っているが、そもそも税法は確約ではなく、既得権を与えるものでもない。

このように、税法は遡及立法と関連するが、さらに、法のもとの平等とも関連する。実質的平等・合理的区別の許容という観点から、所得に応じた累進課税等が平等原則に違反しないとされているが、さらに、細かい区別が税法においてはなされており、裁判所は立法府の判断を尊重する傾向にある。

三　税法における平等と広範な立法裁量

サラリーマン税金訴訟（最大判昭和六〇・三・二七民集三九巻二号二四七頁）

●―事実の概要

旧所得税法は、事業所得等については、その年中の収入金額を得るために実際に要した金額、すなわち必要経費の実額控除を認めているが、給与所得についてはこれを認めず、そのために、実額を著しく下回る控除を認めるにとどまっている。また、事業所得等の申告納税方式による所得の捕捉率に比べ、給与所得のそれはきわめて高く、所得税負担の不当なしわよせとなっている。

そこで、給与所得者であるＡは、旧所得税法の給与所得に関する課税関係規定は、給与所得者に対して、事業所得者等と比べて著しく不公平な所得税を負担させ、差別的に扱っているので、憲法一四条一項に違反し、無効であると主張した。

●―判　旨

「憲法一四条一項は……国民に対し絶対的な平等を保障したものではなく、合理的理由なくして差別することを禁止する趣旨であつて、国民各自の事実上の差異に相応して法的取扱いを区別することは、その区別が合理性を有する限り、何ら右規定に違反するものではない」。

「国民の租税負担を定めるについて、財政・経済・社会政策等の国政全般からの総合的な政策判断を必要とするばかりでなく……極めて専門技術的な判断を必要とする……したがつて、租税法の定立については、国家財政、社会経済、国民所得、国民生活等の実態についての正確な資料を基礎とする立法府の政策的、技術的な判断にゆだねるほかはなく、裁判所は、基本的にはその裁量的判断を尊重せざるを得ない……その立法目的が正当なものであり、かつ……具体的に採用された区別の態様が右目的との関連で著しく不合理であることが明らかでない限り……憲法一四条一項の規定に違反するものということはできない」。

「給与所得者は……給付の額はあらかじめ定めるところによりおおむね一定額に確定しており、職場における……費用のたぐいは使用者において負担するのが通例であり……勤務に関連して費用の支出をする場合であつても……必要経費と家事上の経費又はこれに関連する経費との明瞭な区分が困難である……その上、給与所得者はその数が膨大であるため、各自の申告に基づき必要経費の額を個別的に認定して実額控除を行うこと……は、技術的及び量的に相当の困難を招来し、ひいて租税徴収費用の増加を免れず、税務執行上少なからざる混乱を生ずる」。

「所得の捕捉の不均衡の問題は、原則的には、税務行政の適正な執行により是正されるべき性質のものであつて、捕捉率の格差が正義衡平の観念に反する程に著しく、かつ、それが長年にわたり恒常的に存在して租税法制自体に基因していると認められるような場合であれば格別……そうでない限り、租税法制そのものを違憲ならしめるものとはいえない」。

この判決には、裁判官の個別意見が付されている。まず、司法審査は緩やかな合理性の基準に基づいてなされるべきであるとするのが伊藤正己裁判官の補足意見である。「租税法は、特に強い合憲性の推定を受け……立法府の広範な裁量にゆだねられており、裁判所は、立法府の判断を尊重することになるのであるが……性別のような憲法一四条一項後段所定の事由に基づいて差別が行われるときには、合憲性の推定は排除され、裁判所は厳格な基準によつて……審査すべきであ」る。そして「特定の給与所得者について……必要経費……の額がその者の給与所得控除の額を著しく超過するという事情がみられる場合には……明らかに合理性を欠くものであり……当該給与所得者に適用される限度において、憲法一四条一項の規定に違反する」。

同様に、谷口正孝裁判官の補足意見も「給与所得を得るについての必要経費の額をいかなる基準により算定するかについては多分に政策的考慮の働くことは認めざるを得ない」としつつも、「必要経費の額が給与所得控除の額を明らかに超える場合は、その超過部分については、もはや所得の観念を容れないものと考えるべきであつて、所得の存しないところに対し所得税を課する結果となるのであり、およそ所得税賦課の基本理念に反する」とする。

木戸口久治裁判官の補足意見は、租税負担の較差が恒常的になった場合には違憲となるとの判断を示している。「事業所得者の租税負担が給与所得者のそれよりもかなり低くなっており、しかもそれが特定年度における特異な現象ではなく、相当長期にわたつて継続しているものということができ、この点が給与所得者に対し租税負担の不公平感を抱かせる原因となつている……事業所得の捕捉率が低いということは、それだけ、事業所得者が租税負担を不当に免れていることを意味するのであり……給与所得者との実質的な租税負担の較差が恒常的となり、かつ、それが著しい程度に達したときは、かかる事態は憲法一四条一項違反の問題となり得る」。

アメリカの判例

税率の区別と平等（Fitzgerald v. Racing Association of Central Iowa, 539 U.S. 103 (2003)）

●事実の概要

A州では、適法なギャンブルとして、新たにスロットマシンを認めた。そして、これに競馬と競艇双方の業者が参入することを認めたが、そこから得られる収入への税率は、前者は三六%、後者は二〇%までとしたため、課税率に区別をつけることが、修正一四条に違反しているかどうかが争われた。最高裁は、これを違憲とする原審の判断を破棄し、差し戻した。

●判　旨

州内で活動している企業に関して、課税目的で区別を行う場合、その法律についての憲法判断は、合理性の基準に基づいて審査がなされる。

税法の制定により、いかなるものに対して、いかなる程度の救済をはかろうとするのか、これを決定する権限は、憲法上立法者に与えられ、裁判所には与えられていない。立法者は、どの範疇にある者に一定の利益を与えようとするかを決定する場合、同じように優遇措置を受けることを主張している者に対しても、まったく異なる扱いをすることが認められなければならない。

第2節　宗教団体等への支出と政教分離

憲法八九条は「公金……は、宗教上の組織若しくは団体の使用、便益若しくは維持のため……これを支出し、又はその利用に供してはならない。」としている。公金は、様々な立場の国民から強制的に徴収された資金であり、その支出については常に公共の福祉の観点から決定されなければならない。そして、国民には信教の自由が保障されているから、特定の宗教の援助または圧迫につながる公金支出は許されない、ということを規定しているのである。さらに、憲法二〇条一項は「いかなる宗教団体も、国から特権を受け、又は政治上の権力を行使してはならない。」とし、同条三項は「国及びその機関は、宗教教育その他いかなる宗教的活動もしてはならない。」としている。

これらの規定は、憲法二〇条一項が、国民の人権として信教の自由を保障していることに加え、国家・政治が宗教に介入しないよう、制度としてこれを保障している。八九条は、財政面に着目して、国家が宗教に対して中立であることを求めている。しかし、この政教分離は、現実生活を考えると、必ずしも完全・厳格な分離を貫けず、一定の相対化は避けられないというのが最高裁の立場である。

1　公共団体による地鎮祭の主催と相対的な政教分離（最大判昭和五二・七・一三民集三一巻四号五三三頁）

事実の概要

A市において、体育館の起工式（地鎮祭）が、その職員の進行により、神職主宰のもとに神式に則り挙行された。B市長が、この費用七六六三円をA市の公金から支出したことの適法性が争われた。

原審は、本件起工式は、神社神道固有の宗教儀式であり、憲法は、完全な政教分離原則を採用している。そのため、特定の宗教の布教等の積極的行為のみならず、宗教的信仰の表現である一切の行為は禁止され、これに該当する本件起工式に公金を支出することは違法であるとした。

最高裁は破棄・自判した。

●──判 旨

「元来、わが国においては……各種の宗教が多元的、重層的に発達、併存してきている……このような宗教事情のもとで信教の自由を確実に実現するためには、単に信教の自由を無条件に保障するのみでは足りず、国家といかなる宗教との結びつきをも排除するため、政教分離規定を設ける必要性が大であつた。これらの諸点にかんがみると、憲法は……国家と宗教との完全な分離を理想とし、国家の非宗教性ないし宗教的中立性を確保しようとした」。

「宗教は……極めて多方面にわたる外部的な社会事象としての側面を伴うのが常であつて、この側面においては、教育、福祉、文化、民俗風習など広汎な場面で社会生活と接触することになり、そのことから……国家が、社会生活に規制を加え、あるいは教育、福祉、文化などに関する助成、援助等の諸施策を実施するにあたつて、宗教とのかかわり合いを生ずることは免れえない……その解釈の指導原理となる政教分離原則は、国家が宗教的に中立であることを要求するものではあるが、国家が宗教とのかかわり合いをもつことを全く許さないとするものではなく、宗教とのかかわり合いをもたらす行為の目的及び効果にかんがみ、そのかかわり合いが……相当とされる限度を超えるものと認められる場合にこれを許さないとするものである」。

国・公共団体による行為が、憲法二〇条三項によって禁止される「宗教的活動に該当するかどうかを検討するにあたつては……当該行為の外形的側面のみにとらわれることなく……場所……意図……一般人に与える効果、影響等、諸般の事情を考慮し、社会通念に従つて、客観的に判断しなければならない」。

「起工式は、土地の神を鎮め祭るという宗教的な起源をもつ儀式であつたが、時代の推移とともに、その宗教的意義が次第に稀薄化してきている……今日においては、もはや宗教的意義がほとんど認められなくなつた建築上の儀礼と化し、その儀式が、たとえ既存の宗教において定められた方式をかりて行われる場合でも……一般人の意識においては、起工式にさしたる宗教的意義を認めず、建築着工に際しての慣習化した社会的儀礼として、世俗的な行事と評価している……また、現実の一般的な慣行としては、建築着工にあたり建築主の主催又は臨席のもとに……起工式を行うことは、特に工事の無事安全等を願う工事関係者にとつては、欠くことのできない行事とされているのであり……工事の円滑な進行をはかるため工事関係者の要請に応じ建築着工に際しての慣習化した社会的儀礼を行うという極めて世俗的な目的によるものである」。

「本件起工式は、宗教とかかわり合いをもつものであることを否定しえないが、その目的は……社会の一般的慣習に従つた儀礼を行うという専ら世俗的なものと認められ、その効果は神道を援助、助長、促進し又は他の宗教に圧迫、干渉を加えるものとは認められないのであるから、憲法二〇条三項により禁止される宗教的活動にはあたらない」。

相対的な分離を主張する多数意見に対して、絶対的な分離を支持し、さらに地鎮祭の習俗性についても消極に理解するのが五裁判官の反対意見である。

●――藤林益三・吉田豊・団藤重光・服部高顯・環昌一五裁判官の反対意見

「信教の自由を保障するにあたつては、単に無条件でこれを保障する旨を宣明するだけでは不十分であり、これを完全なものとするためには、何よりも先ず国家と宗教との結びつきを一切排除することが不可欠である……このことは、わが国における明治維新以降の歴史に照らしても明らかなところである」。

「起工式そのものは……時代の推移とともに多分に習俗的行事化している側面のあることは否定することができないが、本件起工式自体は……極めて宗教的色彩の濃いものというべきであつて、これを非宗教的な習俗的行事ということはとうていできない……地方公共団体が主催して右のような儀式を行うことは、地方公共団体が神社神道を優遇しこれを援助する結果となる……かような活動を極めて些細な事柄として放置すれば、地方公共団体と神社神道との間に密接な関係が生ずる……多数意見は……その効果を過小に評価し……とうてい賛同することができない」。

このように、政教分離に関して相対分離と厳格分離と見解が分かれたが、相対分離に立ちながら、違憲判決を下した事例があるので紹介する。

2　公金からの靖国神社への奉納（最大判平成九・四・二民集五一巻四号一六七三頁）

事実の概要

A県は、靖国神社の挙行した例大祭に際して玉串料を、「みたま祭」に際して献灯料を、それぞれ公金から支出した。これら支出は、政教分離に違反する違法な公金支出であるとして住民訴訟が提起された。原審は、これら支出は社会的儀礼の範囲であり、遺族援護行政の一環として行われたにすぎず、特定宗教の援助・助長、圧迫・干渉とはならないと判断した。これに対し最高裁は、境内での重要な祭祀に玉串料や献灯料を奉納することは社会的儀礼の範囲を超えているとした。

判　旨

「一般に、神社自体がその境内において挙行する恒例の重要な祭祀に際して右のような玉串料を奉納することは、建築主が主催して建築現場において土地の平安堅固、工事の無事安全等を祈願するために行う儀式である起工式の場合とは異なり、時代の推移によって既にその宗教的意義が希薄化し、慣習化した社会的儀礼にすぎないものになっているとまでは到底いうことができず、一般人が本件の玉串料の奉納を社会的儀礼の一つにすぎないと評価しているとは考え難い……これらのことからすれば、地方公共団体が特定の宗教団体に対してのみ本件のような形で特別のかかわり合いを持つことは、一般人に対して、県が当該特定の宗教団体を特別に支援しており、それらの宗教団体が他の宗教団体とは異なる特別のものであるとの印象を与え、特定の宗教への関心を呼び起こす」。

公金支出と政教分離に関して、忠魂碑の移設にあたり、代替地を無償で貸与したことが問題となった事件がある。最高裁は、忠魂碑の性質と碑前で行われる儀式の性質等を丁寧に検討して、目的・効果の観点から政教の結びつきは相当な限度を超えているとはいえないとした。

3　箕面忠魂碑事件（最三判平成五・二・一六民集四七巻三号一六八七頁）

●事実の概要

忠魂碑は、幕末期に国事に殉じた者を慰霊、顕彰する目的で建立されはじめ、西南の役における戦没者のために、各地で盛んに建立された。その後も、日露戦争後、満州事変、日中戦争等により戦没者が急増し建立が活発に行われ、碑前の慰霊祭が盛大に催されるようになった。戦後、忠魂碑は学校の構内にあるもの、及び、公共用地上において軍国主義思想等の宣伝を目的とするものについては撤去対象とされたが、戦没者のための碑であることを示すにとどまる忠魂碑は、原則として撤去の必要はないとされた。

本件忠魂碑は、大正五年に、小学校に隣接した村役場の敷地の一部に建立されたが、その敷地は無償かつ無期限で貸与され、慰霊祭にはその周囲一〇〇坪の空き地を利用することが許諾された。戦後、本件忠魂碑は碑石部分が付近の地中に埋められ、基台部分はそのままの状態で放置された。その後、昭和二六年頃、碑石が掘り出され再建され、毎年四月頃、碑前で神社神職又は僧侶の主催の下に、神式、仏式各年交替でそれぞれの儀式の方式に従い、慰霊祭が営まれてきた。

箕面市は、小学校校舎建替えにあたり、七八八二万六八二四円で代替地を確保し、旧忠魂碑を移設、再建し（七〇四万二一二〇円）、市遺族会に本件敷地を管理使用させた。

●━判　旨

「本件忠魂碑と神道等の特定の宗教とのかかわりは、少なくとも戦後においては希薄であり……市遺族会は……戦没者遺族の相互扶助・福祉向上と英霊の顕彰を主たる目的とし……宗教的活動をすることを本来の目的とする団体ではない……旧忠魂碑は……公有地上に存続してきたものであって……校舎の建替え等を行うことが急務となり……他の場所に移設せざるを得なくなったことから……本件敷地を代替地として市遺族会に対し無償貸与……したにすぎない……これらの諸点にかんがみると……その目的は、小学校の校舎の建替え等のため、公有地上に存する戦没者記念碑的な性格を有する施設を他の場所に移設……することを主眼とするものであり、そのための方策として……代替地を取得して……無償で提供し……たものであって、専ら世俗的なものと認められ、その効果も、特定の宗教を援助、助長、促進し又は他の宗教に圧迫、干渉を加えるものとは認められない」。

この事件では、忠魂碑や慰霊祭の現状もさることながら、その移設や代替地確保等の公金を支出するに至った経緯も重視している。同様に、私人の土地に設置されていた神社について、戦中戦後の混乱期を通して、その敷地が市有地となり、無償貸与されていることが問題となった事件を紹介しよう。

4　富平神社事件（最大判平成二二・一・二〇民集六四巻一号一二八頁）

●事実の概要

本件各土地は、もともとは本件町内会の前身である部落会によって所有・利用されていたが、明治から昭和にかけて、本件神社施設が順次、建立、設置された。昭和一〇年、市は、部落会から本件土地の寄付を受け、小学校の教員住宅を建設した。昭和五〇年、この教員住宅は取り壊され、市は、部落の共同使用目的に限定して、本件各土地の管理を無償で部落に委託した。当時、本件各土地は、本件神社施設、農協倉庫、青年会館、児童公園に利用されていたが、倉庫と公園は取り壊された。

その後、本件各土地が本件神社の敷地として使用されていることは、政教分離に違反するとの住民監査請求を受け、それをきっかけに、市は本件土地を本件町内会に譲与した。そこで、この譲与が憲法二〇条三項および憲法八九条に違反するとして、住民訴訟が提起された。

●判　旨

「本件神社施設は、一体として明らかに神道の神社施設にあたる……行われている諸行事も、神道の方式にのっとって行われているその態様にかんがみ、宗教的行事と認めるほかない……市が本件各土地を無償で神社敷地として利用に供していた行為は、その直接の効果として……神社を利用した宗教的活動を行うことを容易にするものであった……本件各土地が市の所有に帰した経緯についてはやむを得ない面があるとはいえ……一般人の目から見て、市が特定の宗教に対して特別の便益を提供し、これを援助していると評価されるおそれがあった」。

「本件譲与は……本件町内会に一方的に利益を提供するという側面を有し……地域住民の集団に対しても神社敷地の無償使用の継続を可能にするという便益を及ぼす……しかしながら、本件各土地は……部落会が実質的に所有していたのであるから……教員住宅の敷地としての用途が廃止された以上、これを本件町内会に譲与することは、公用の廃止された普通財産を寄附者の包括承継人に譲与することを認める市［条例］……の趣旨にも適合するものである。また、仮に市が……本件神社施設を撤去させることを図るとすれば……宗教的活動を著しく困難なものにし、その信教の自由に重大な不利益を及ぼすことになる……『社寺等に無償で貸し付けてある国有財産の処分に関する法律』……は、同法施行前に寄附等により国有となった財産で、その社寺等の宗教活動を行うのに必要なものは、所定の手続を経てその社寺等に譲与することを認めたが、それは……社寺等の財産権及び信教の自由を尊重しつつ国と宗教との結びつきを是正解消するためには、上記のような財産につき譲与の措置を講ずることが最も適当と考えられたことによる……本件譲与は、上記のような理念にも沿うものであ」る。

このように最高裁は、市有地を無償貸与して、神社施設及びその儀式に利用させることは政教分離に違反するとする。しかしながら、本件土地を本件町内会に譲与するまでの経緯に照らし、また「社寺等に無償で貸し付けてある国有財産の処分に関する法律」の趣旨目的からすれば、譲与は政教分離に違反しないとした。さらに、市有地上に神社施設等の設置を認めていることは政教分離に反するとしながらも、これを撤去しないことは住民訴訟における「怠る事実」にはあたらないとした事件がある。

5　空知太事件（最大判平成二二・一・二〇民集六四巻一号一頁）

事実の概要

市の所有となっている本件各土地が、本件神社施設の施設として無償で提供されているので、これらの撤去請求を市が怠る事実が違法であることの確認が求められ、原審はこれを認容した。破棄・差戻し。

「本件利用提供行為は憲法八九条に違反し、ひいては憲法二〇条一項後段にも違反する」。

●判　旨

「一般的には宗教的施設としての性格を有する施設であっても、同時に歴史的、文化財的な建造物……観光資源……の意義を有し……一定の社寺領を国等に上知（上地）させ……又は寄附により受け入れるなどの施策が広く採られ……国公有地が無償で社寺等の敷地として供される事例が多数生じた。このような事例については、戦後……譲与、売払い、貸付け等の措置が講じられてきたが……なおそのような措置を講ずることができないまま社寺等の敷地になっている国公有地が相当数残存している……これらの事情のいかんは……政教分離原則との関係を考えるに当たっても、重要な考慮要素とされる」。

「本件利用提供行為は、もともとは小学校敷地の拡張に協力した用地提供者に報いるという世俗的、公共的な目的から始まったもので、本件神社を特別に保護、援助するという目的によるものではなかった……ものの、明らかな宗教的施設といわざるを得ない本件神社物件の性格……長期間にわたり継続的に便益を提供し続けていることなどの本件利用提供行為の具体的態様等にかんがみると……上記評価を左右するものではない」。

「被上告人らは……上告人が……使用貸借契約を解除し、神社施設の撤去を求める措置を執らないことが財産管理上違法であると主張する……しかしながら……上告人には、本件各土地……の現況、違憲性を解消するための措置が利用者に与える影響、関係者の意向、実行の難易等、諸般の事情を考慮に入れて、相当と認められる方法を選択する裁量権がある……直ちに本件神社物件を撤去させるべきものとすることは……宗教活動を著しく困難なものにし、氏子集団の構成員の信教の自由に重大な不利益を及ぼす……他に選択することのできる合理的で現実的な手段が存在する場合には、上告人が本件神社物件の撤去及び土地明渡請求という手段を講じていないことは、財産管理上直ちに違法との評価を受けるものではない」。

なお、藤田宙靖裁判官の補足意見では、「目的・効果基準」への批判が述べられている。すなわち、政教分離は厳格に理解されることが原則であり、目的・効果基準により、この原則と例外が逆転することがあってはならない、さらに、例外が認められたのは、宗教性と世俗性の区別があいまいになった場合であり、本件もこの点から考察されるべきとしている。

●藤田宙靖裁判官の補足意見

「国家と宗教との完全な分離を理想とし……例外的に国家と宗教とのかかわり合いが憲法上許容される……これに対して……目的効果基準によれば……原則と例外を逆転させたかにも見える結論を導くについて、従来の多数意見は必ずしも充分な説明をしておらず、そこには論理の飛躍がある……過去の当審判例上、目的効果基準が機能せしめられてきたのは……『宗教性』と『世俗性』とが同居しておりその優劣が微妙であるとき……であっ［た］……本件神社は、それ自体としては明らかに純粋な神道施設であると認められるものの……その外観、日々の宗教的活動の態様等からして、さほど宗教施設としての存在感の大きいものであるわけではなく……市民の間において殊更にその違憲性が問題視されることも無かった……この点を重視するならば、少なくとも、本件利用提供行為が、直ちに他の宗教あるいはその信者らに対する圧迫ないし脅威となるとまではいえ……ないのではないかという疑問も抱かれ得るところであろう」。

本件施設が宗教と世俗の複合的な施設であること、本件土地が市有地となった経緯等を考慮すべきことを強調するのが、甲斐中辰夫・中川了滋・古田佑紀・竹内行夫裁判官の意見である。

●甲斐中辰夫・中川了滋・古田佑紀・竹内行夫裁判官の意見

「一部に宗教的物件が置かれている……公民館等に公有地を無償貸与したとしても……全体として公民館等として構築され利用されているのであれば……特定の宗教に対する特別の便宜の供与や援助に当たると……考えな

いとみるのが常識的な見方であろう」。

「本件土地……は、もともと小学校を増築するため……その所有する土地を移転用地として提供したもので……同時に学校用地として一二二九㎡の土地を寄附している……町としては、私財をなげうって町の公教育の充実に協力した町民との間の良好な関係を維持する必要があり……これらの土地の寄附受入れは、将来にわたって大きな利益をもたらすものであった」。

「地元住民においては、本件神社が、開拓者である先祖の思いを伝承するものであることを超えて、神道を具現、普及するようなものとは受け止めておらず、本件利用提供行為に特段憲法上の問題はないとの理解が一般的ではないか……一般人の評価を抽象的に観念して憲法判断の理由とすることは審理不尽といわざるを得ない」。

以上のように、最高裁の内部において激しい対立があるが、神社施設が特定宗教のシンボルであり、その儀式のために利用されていること、その敷地を公共団体が無償提供することにより一定の利益を与えていることについては、争いはない。しかしながら、神社施設が、その当初から、地域の開拓者らに対する慰労や顕彰を目的とする手段として設置され、特定宗教の儀式等を主たる目的としていなかったこと、そもそも神社神道が特定人によって創始された排他的な宗教ではなく、自然崇拝的なものであったため、それに携わる者の宗教的意識が希薄であったこと、そうした希薄性、すなわち世俗性は、時の経過とともに高まり、政教分離違反としてこれを排除することには違和感を覚えること、さらには、明治期と第二次大戦後の神社への政策の変更という特殊事情が重なり、見解が対立している。

そして、これらの事情は、従来の判例法理である、目的・効果・関わり合いテストを単にあてはめるだけでは問題解決に至らないことを示している。同様の状況はアメリカにおいても見られる。例えば、十字架は、キリスト教のシンボルであるが、祖国防衛のために亡くなった兵士の顕彰及び慰霊のシンボルとして用いられることがある。目的は、特定宗教の援助ではないが、他の信仰を有する者を十字架によって統一して顕彰・慰霊することが果たして許されるのか問題になった事件があるので紹介しよう。

アメリカの判例

最高裁は、政教分離原則への侵害の有無について目的・効果・過度の関わり合いの三つの観点から検討し、合憲・違憲の判断を下してきた（レモン・テスト）。しかしながら最高裁は、「時の経過」により「目的」も「効果」も変化していくことを重視して判断を下している。

Am. Legion v. Am. Humanist Ass'n, 139 S.Ct. 2067（2019）

●事実の概要

一九一八年、メリーランド州プリンス・ジョージ・カウンティの住民が、戦死した兵士のためのメモリアルを設置することを計画した。そのメモリアルは十字架を形どったものであったが、資金の多くは地元住民の少額の寄附であった。この十字架（本件十字架）は、もうひとつのメモリアルである、ワシントンとアナポリスを結ぶ国防ハイウェイの境界標として設置される予定であったが、その後、上告人の地方局によって引き継がれ、一九二五年に完成した。

その高さは約一〇メートル、台座には「世界の自由のために闘い、斃れたプリンス・ジョージ・カウンティの英雄に捧ぐ」とのブロンズ製の額がはめ込まれていた。除幕式では、カトリックの神父が祈りをささげたが、それ以来、復員軍人の日、戦没者追悼記念日、独立記念日において、退役軍人を讃えるイベントがその下で行われた。その後、その周辺地域において戦争の退役軍人を讃えるための記念碑が加えられ、今日では退役軍人メモリアルパークとして知られている。本件十字架は、車道の中央分離帯に位置し、一九六一年に、メリーランド州の公園局（Maryland-National Capital Park and Planning Commission）がこれを取得したが、上告人は、様々なセレモニーを主催するためにこれを使用する権利を所持していた。

その設置から約九〇年経過して、訴えが提起され、本件十字架の設置は政教分離に違反するとしてその除去等が求められている。第一審は、レモン・テストを用いて十字架は合憲であるとした。原審は、同じくレモン・テストを用い、目的は世俗的であるとしたが、その効果はキリスト教の推奨であるとした。最高裁は、破棄・差戻しの判断を下した。

判旨

第一に、モニュメントが大昔に設置されている場合、当初の目的が何であったのかを特定することは難しくなる。当初の目的についての明確な証拠がない場合には、それぞれの裁判官が目的をそれぞれに推定することになってしまう。こうしたことは古いモニュメントについてはありがちであるが、その推定に基づいてモニュメントの除去を裁判所が命ずることは正しくない。

第二に、時の経過によって、目的は多様化する。例えば、「十戒」は神の言葉であるが、基本的な法制度を表すものの一つとして、歴史的意義を有し、裁判所や公的建物において掲示されているが、それらが違憲であるとした裁判官は一人もいない。宗教的に多様な社会になるにつれて、こうしたモニュメントを歴史的に意義あるものとして維持することが可能である。

第三に、そのモニュメントが伝えるメッセージは、時と共に変化することがある。例えば自由の女神は、フランスとアメリカの連帯及び友情を伝えるものであったが、後には自由の国への移民を歓迎するための標識となり、さらにはコミュニティの景観やアイデンティティを表すものとなった。多くの町の名称は、宗教に由来する名称をもっているが、これらの名称を消滅させるべきと考える人はほとんどいない。

第四に、時の経過と共に、宗教的なモニュメントに愛着がわいたり、歴史的な意義を感じたりするようになると、これらを除去することはもはや中立的とはいえず、政教分離が避けようとしている、宗教に根ざす不和を逆にもたらすことになる。

本件の十字架は、国教樹立禁止条項に違反していない。十字架は、もともとはキリスト教のシンボルであり、このことは多くのコンテクストにおいて依然として維持されている。しかし、第一次大戦のメモリアルとして用いられた場合に、世俗的な意味が付け加わってくることを否定できない。民主主義の名の下に戦った戦争で落命した故人の行動とその犠牲を、地域の人々に思い起こさせるのである。

●――ギンズバーグ裁判官の反対意見（ソトマイヨール裁判官加わる）

ダビデの星は、この国のために亡くなったキリスト教徒を讃えるためには適していない。これと同じように、十字架は祖国のために戦って亡くなった他の信仰を有する者を讃えるのにふさわしくない。あらゆる信仰を持つ兵士たちは祖国への愛によって一つになっているのであって、十字架によってではない。本件十字架を公道の分離帯に設置することによって、キリスト教徒を、他の宗教を信仰し又は無信仰の者よりも上位に位置づけているのである。

第5章 地方自治

憲法は、地方の実情に沿った、住民の意思に基づく政治が行われるために、地方議会に条例制定権を保障している。しかしながら、公共団体は国から独立してその存在を認められているわけではなく、条例も「法律の範囲内」で制定されなければならない。しかし、その意味については争いがあり、いわゆる「横出し・上乗せ」条例が問題となっている。すなわち、条例が、法律の定めのない領域を規制し、また、法律よりも厳しい規制を行うことが可能であるかについて議論されてきた。

さらには、地域ごとに異なる条例の定めは、憲法一四条の「法の下の平等」を侵害するのではないかとの主張がなされている。最高裁は、こうした地域格差は「地方自治の本旨」に基づく政治の保障によってもたらされ、直ちに平等違反とはいえないと判断している。

第1節　地方自治の本旨と条例がもたらす地域格差

売春取締条例事件（最大判昭和三三・一〇・一五刑集一二巻一四号三三〇五頁）

●事実の概要

被告人は東京都において料亭を経営していたが、数名の女中に対して、不特定の、数多くの客を相手に売春をさせ、その報酬の一部を取得し、また、売春目的で彼女等を自己の管理下に置いていた。これらの行為が、東京都の売春等取締条例に違反するとして罰金刑を受けた。しかしながら、売春を規制する法律がない当時において、これを条例によって禁止処罰することは「法律の範囲内」を超え、平等権を侵害するなどとして上告がなされた。

●判　旨

「社会生活の法的規律は通常、全国にわたり劃一的な効力をもつ法律によつてなされているけれども、中には各地方の特殊性に応じその実情に即して規律するためにこれを各地方公共団体の自治に委ねる方が一層合目的的なものもあり、またときにはいずれの方法によつて規律しても差支えないものもある。これすなわち憲法九四条が、地方公共団体は『法律の範囲内で条例を制定することができる』と定めている所以である」。

「売春取締に関する罰則を条例で定めては、地域によつて取扱に差別を生ずるが故に、憲法の掲げる平等の原則に反すると［主張されるが］……憲法が各地方公共団体の条例制定権を認める以上、地域によって差別を生ずることは当然に予想されることであるから、かかる差別は憲法みずから容認するところである……地方公共団体が売春の取締について格別に条例を制定する結果、その取扱に差別を生ずることがあつても……違憲ということはできない」。

このように法廷意見は、各地方公共団体に条例制定権を認める以上、地域格差を生ずることを憲法は自ら容認しているとする。これに対して、地域格差を生ずること自体は認められるものの、それには合理性があることが必要であるとする意見がある。

●――下飯坂潤夫・奥野健一裁判官の補足意見

「条例制定権は、法律の範囲内で許される……以上、法律の上位にある憲法の諸原則の支配をも受ける……憲法が自ら公共団体に条例制定権を認めているからといつて、その各条例相互の内容の差異が、憲法一四条の原則を破るような結果を生じたときは、やはり違憲問題を生ずる……各条例が各地域の特殊な地方の実情その他の合理的根拠に基いて制定され、その結果生じた各条例相互間の差異が、合理的なものとして是認せられて始めて、合憲と判断すべきものと考える……全国的に統一した法律の制定されていない時期においては、各地方公共団体が……売春取締に関する条例を制定すること自体は、何ら違憲ということはできない」。

条例の地域格差について、本来、国全体に共通する事項であるにもかかわらず、条例による地域格差の程度があまりに甚だしい場合には、「法律の範囲内」といえず、また平等違反の問題が提起されると指摘するのが、前掲・淫行条例事件における伊藤裁判官の補足意見である。

●――伊藤正己裁判官の補足意見（淫行条例事件）

「都道府県条例における……規制は、余りにも区々である……規定……の有無についてみると、東京都、千葉県にはこれがなく……多くの条例は、青少年に対する淫行……を構成要件とするのに対し、京都府、大阪府、山口県では、性行為及びわいせつ行為を手段又は目的等によつて厳格に限定している……法定刑の差は著しく顕著である……親告罪とするもの……青少年の年齢についての認識に関し、故意の推定規定をおくもの……処罰規定の有無、処罰規定における構成要件の精粗、法定刑の種類と軽重、告訴の要否、処罰対象者限定の有無及び故意推定規定の有無について顕著な異同がみられ、全体として、著しく不均衡かつ不統一なものとなつている……わが国のように、性及び青少年の育成保護に関する社会通念についてほとんど地域差の認められない社会において、青少年に対する性行為という……国全体に共通する事項に関して、地域によつて……刑罰が著しく異なるなどということは、きわめて奇異な事態であり……望ましくない……このような不均衡が憲法一四条に違反するといえないとしても、かかる著しく不合理な地域差を解消する方向を考える必要がある……構成要件の明確性を欠く場合には……厳格に解釈することが憲法の趣旨からも要請される」。

「条例は『法律の範囲内で』制定することが許される……国の法令と矛盾抵触する条例は無効である……いかなる場合にこの矛盾抵触があるとすべきかは、微妙な判断となる……条例が国の法令に違反するかどうかは、両者の規律対象や文言を対比するのみでなく、それぞれの目的、内容及び効果を比較して決定されることになる……『淫行』すなわち姦淫と解釈するとすれば……処罰する姦淫（性交）行為の対象となる年少婦女の年齢を一八歳にひきあげるに等しい……『淫行』を性行為一般と解するときは、結局『法律の範囲』外に逸脱する」。

第２節　地方公共団体の財政確保と租税法律主義

地方の実情に即し、住民の意思の基づく政治が行われるためには、地方公共団体は課税権に基づく財源の確保が必要である。しかし、憲法は租税法律主義を定めるだけで、地方公共団体による課税権については具体的に触れるところがない。そこで、その課税権は、法律によって定められた範囲内において行使されることになる。法人税法の規定する欠損金の繰越控除に関して、その特例を条例によって定めることができるか問題となった事件がある。

神奈川県臨時特例企業税事件（最一判平成二五・三・二一民集六七巻三号四三八頁）

事実の概要

神奈川県は、県内の、出資金額が五億円以上の法人の事業活動に対して、「繰越控除欠損金額」を損金に算入しない額を課税標準とする、「臨時特別企業税」（企業税）を科する条例（本件条例）を定めた。上告人は、県内において自動車の製造・販売等を行う株式会社であり、平成一五年度と平成一六年度に繰越控除欠損金額を生じていたが、企業税を納付した。しかし、本件条例は地方税法に違反して無効であり、企業税の全額の減額を求める旨の更正を請求したが、更正すべき理由はない旨の通知を受けたため、審査請求を行い、これも棄却された。そこで、この通知の取消し等を求めて訴えを提起した。

第一審は、上告人の請求を認めた。すなわち、地方公共団体の課税権は、その自治権の一環として憲法上、保護されており、地方税法もこの趣旨に沿って解釈・運用されるが、その課税権は、あくまで地方税法の具体的準則にしたがって行使されなければならない。地方税法は、法人事業税については、課税標準として欠損金額の繰越控除を規定し、その趣旨は、特定の事業年度に生じた欠損金額を以後の一定の事業年度の利益と通算することにより、法人の所得を長期的に把握し、その担税力を的確に課税に反映させることである。企業税の課税は、欠損金額の繰越控除を定めた法人税法の目的及び効果を阻害し、その趣旨に反するとした。原審は第一審判決を取り消したが、最高裁は、原判決を破棄し、控訴を棄却した。

●判旨

「普通地方公共団体は、地方自治の本旨に従い、その財産を管理し、事務を処理し、及び行政を執行する……これらを行うためにはその財源を自ら調達する権能を有することが必要であることから……国とは別途に課税権の主体となることが憲法上予定されている……しかるところ、憲法は、普通地方公共団体の課税権の具体的内容について規定しておらず……普通地方公共団体相互間の財源の配分等の観点からの調整が必要であることに照らせば、普通地方公共団体が課することができる租税の税目、課税客体……その他の事項については、憲法上、租税法律主義（八四条）の原則の下で……法律において準則が定められた場合には、普通地方公共団体の課税権は……その範囲内で行使されなければならない」。

「地方税法が、法人事業税をはじめとする法定普通税［を］……普通地方公共団体が必ず課税しなければならない租税とし……税目、課税客体、課税標準……更にはこれらの特例についてまで詳細かつ具体的な規定を設けていることからすると、同法の定める法定普通税についての規定は……任意規定ではなく強行規定である……法定外普通税に関する条例において……法定普通税についての強行規定に反する内容の定めを設けることによって当該規定の内容を実質的に変更することも……許されない」。

「法人税法の規定する欠損金の繰越控除は……各事業年度間の所得の金額と欠損金額を平準化［し］……事業年度ごとの所得の金額の変動の大小にかかわらず法人の税負担をできるだけ均等化して公平な課税を行うという趣旨、目的から設けられた制度である……また……条例等により欠損金の繰越控除の特例を設けることを許容するものと解される規定は存在しない……このことからすれば、たとえ欠損金額の一部についてであるとしても、条例において同法の定める欠損金の繰越控除を排除することは許されず、仮に条例にこれを排除する内容の規定が設けられたとすれば……強行規定と矛盾抵触するものとして……無効である」。

●金築誠志裁判官の補足意見

「特例企業税は、地方税法四条三項に基づく法定外普通税である……法定税は、地方税法の規定に従って原則として全国一律に課税すべきこととされているものであって、同法が許容しない課税標準の算出方法や税率で課税することが許されない……特例企業税が、法定外税の形をとりながら……実質は法人事業税の課税要件等を変更するものにほかならないときは、違法無効である」。

第6章 客観的な制度の保障と人権保障の交錯

憲法の保障の中には、個人に対する人権の保障でもなければ、各機関の権限を具体的に定めたものでもなく、客観的な制度そのものを保障するものがあるとされる。明文により、あるいは解釈により導き出される。主なものとして、学問の自由から「大学の自治」、信教の自由から「政教分離」、そして「裁判の公開」である。これにより、たとえ国家機関による個々の人権侵害がない場合にも、制度そのものへの侵害があるとして是正を求めることができるのである。他方、こうした制度の保障が個別の人権に制約をもたらすことがある。この場合にも、当然のことながら調整がはかられねばならないが、異質の利益が交錯する場合には、異なる視点からの検討が必要になってくる。

第1節 学問の自由と大学の自治

憲法二三条は「学問の自由は、これを保障する。」と規定している。この規定は、個々の国民の人権を保障したものであるが、学問の中心は大学であり、大学における自由闊達な活動が学問の発展にとってきわめて重要である。そのためには、大学が外部からの圧力にさらされることがあってはならない。憲法は、明文にはないが、その解釈により、大学の自治を制度として認めていると考えられている。しかし、自治の及ぶ範囲やその内容に関しては争いがある。

大学の自治と警察による情報の収集―劇団ポポロ事件―（最大判昭和三八・五・二二刑集一七巻四号三七〇頁）

●事実の概要

Aは、B大学に在籍し、他の学生と共謀し、その教室内で行われていた、B大学の劇団Cが主宰する演劇を観覧していたD警察官の腹部を手拳で突き、オーバーのボタンをもぎとり、E警察官の警察手帳の紐をひきちぎったため、暴力行為等処罰に関する法律一条一項にあたるとして起訴された。

この事件の背景として、警視庁は以前より、B大学の構内において警備情報の収集を続けてきたが、その方法は、私服の警備係員数名がほとんど連日のように大学構内に入って、張込、尾行、密行、盗聴等により、学生、教職員の思想動向や背後関係を調査していた。Dらによる本件演劇の観覧も、長期にわたる学内内偵活動の一部をなすものである。

Dらは、当日入場券を購入して教室に入り、三〇〇名ほどの観客にまじって監視していたが、学生らに発見され、急遽退室しようとしたが、取り囲まれてしまい、入場の理由を詰問され、警察官であるとの証拠を確保するために警察手帳を取り上げられ、その際に、Aは上述の犯罪構成要件に該当する行為を侵したというものである。

Aらは、警察官の行為は憲法で保障される大学の自治を侵す違法なものであり、自らの行為については正当防衛等が成立するとして無罪を主張した。第一審は、無罪、控訴も棄却されたが、最高裁は破棄し、一審に差し戻した。

●判　旨

「大学における学問の自由を保障するために、伝統的に大学の自治が認められている。この自治は、とくに大学の教授その他の研究者の人事に関して認められ……大学の施設と学生の管理についてもある程度で認められ、これらについてある程度で大学に自主的な秩序維持の権能が認められている」。

「大学の学問の自由と自治は、大学が学術の中心として深く真理を探求し、専門の学芸を教授研究することを本質とすることに基づくから、直接には教授その他の研究者の研究、その結果の発表、研究結果の教授の自由とこれらを保障するための自治とを意味する」。

「憲法二三条の学問の自由は、学生も一般の国民と同じように享有する。しかし、大学の学生としてそれ以上に学問の自由を享有し、また大学当局の自治的管理による施設を利用できるのは、大学の本質に基づき、大学の教授その他の研究者の有する特別な学問の自由と自治の効果としてである」。

「本件……演劇発表会は……いわゆる反植民地闘争デーの一環として行なわれ、演劇の内容もいわゆる松川事件に取材し……右事件の資金カンパが行なわれ、さらにいわゆる渋谷事件の報告もなされた。これらはすべて実社会の政治的社会的活動に当る行為にほかならない……右発表会の会場には……外来者が入場券を買つて入場していた……これによつて見れば……本件の集会は決して特定の学生のみの集会とはいえず、むしろ公開の集会と見なさるべきであり……真に学問的な研究と発表のためのものでなく……大学の学問の自由と自治は、これを享有しない……したがつて、本件の集会に警察官が立ち入つたことは、大学の学問の自由と自治を犯すものではない」。

多数意見はこの事件が、警察官による継続的な情報収集活動が引き起こしたものであり、これら活動が大学の自治を侵害するものであるかについては十分に見解を示していないように思われる。次の四裁判官の補足意見はこの点に触れている。

●入江俊郎・奥野健一・山田作之助・斎藤朔郎四裁判官の補足意見

「憲法二三条にいう『学問の自由』には、教授その他の研究者の学問的研究及びその発表、教授の自由と共に、学生の学ぶ自由も含まれる……大学は学術の中心としての教育の場であり、学問の場であるから、右学問の自由の保障は、また、その自由を保障するため必要な限度において、大学の自治をも保障している……若し大学の教育の場、学問の場に警察官が常に立ち入り、教授その他の研究者の研究、発表及び教授の仕方を監視したり、学問のための学生集会を監視し、これらに関する警備情報を収集する等の警察活動が許されるとすれば、到底学問の自由及び大学の自治が保持されない」。

もっとも、C劇団の活動は学問研究ではなく大学の自治は及ばないとした。「[C]劇団の集会は……真に学問的な研究や、その発表のための集会とは認められない。従って、本件警察官の立入行為が前記の学問の自由ないし大学の自治を侵した違法行為であるということはできない」。

学生が、大学の施設を利用して行う活動すべてに大学の自治が及ぶとはいえないとする考え方は、次の石坂裁判官の補足意見にも示されている。

●石坂修一裁判官の補足意見

「[C]が……教室を借受けた目的は、真に、憲法の保障する『学問の自由』及びこれに由来する『大学の自由』の範囲に属する研究集会のため使用するにあつたのではなくして、実社会の政治的、社会的活動に当る行為としての公開集会を開催するため使用するにあつたものである……然りとすれば……警察官としては……本件集会に立ち入るにつき、合理的理由があつたものといわねばならない……警察官が公衆の一員として本件集会に入場券を買求めて入場したことに対しても被告人にこれを排除防衛すべき何等の法益もない」。

このように、大学の自治を認めつつも、Aらの行為は学問研究ではないので、警察官に対する関係でこの保障は及ばないとする考え方に対して、学生の学内集会に関しては大学の判断を重視し、警察権力の介入は大学からの要請等に基づくことが原則であるとするのが、横田裁判官の意見である。

横田正俊裁判官の意見

「学生の活動が大学の権限と責任の下におかれている範囲においては、大学の自主性を尊重し、これに対する外部からの干渉は、できうるかぎりこれを排除すべきであるというのが、大学の自治の本義である……他面において、大学といえども治外法権を享有するものではなく、学生の学内活動もまた……犯罪の予防、鎮圧及び捜査、被疑者の逮捕、公共の安全と秩序の維持とを責務とする警察の正当な活動の対象となるものである……この警察の活動のうちには、警察官が任意の手段によつて行う、いわゆる警備情報活動が含まれる……ただし、大学における学問の自由と大学の自治の本義にかんがみれば、学内に対する警察権の行使、ことに警備情報活動は、他の場合に比較して、より慎重にこれを行い、必要の限度をこえないことが強く要請される」。

「文部次官が、昭和二五年七月二五日、東京都内所在の大学の長等に宛てて発した……通達においては、学校構内における集会で、学生又はその団体が学校の定める手続による許可を得て、特定の者を対象として開催されるものは、公共の場所における集会とは認めず、したがつて公安委員会の許可を要しない……右集会の取締については学校長が措置することを建前とし、要請があつた場合に警察がこれに協力する……大学の責任と監督の下に行われる正規の学内集会の条件としては、特定の者を対象とするものであること、すなわち一般公衆を入場させないという意味での非公開性が定められているだけで、集会の目的、内容については、とくにふれるところはないが、本来、大学においては……政治的中立性を害し、学問に専念すべき学生の本分にもとるがごとき社会的活動をすることは許されない……学生による学内集会が、少くとも以上の二条件を現実に具備しているかぎり、警察官のこれに対する職務行為としての立入りは、正規の法的手続を踏み、必要の限度をこえないでする場合のほかは、許されないものと解される反面、集会が現実に右条件を欠いている場合には……その集会が大学の許可をえて学内において行われているという形式的理由だけで、警察官の立入りを拒むことをえない」。

アメリカの判例

大学の自治と大学入試における平等

大学に猜疑心や不信感等の雰囲気が存在するならば、学問の発展はあり得ず、したがって、教師と学生は常に自由に探求し、研究できなければならない。そのためには、たとえば講義内容を検事総長が調査することは認められないとした判例がある（Sweezy v. New Hampshire, 354 U.S. 234（1957））。さらに、フランクファータ裁判官は、この事件の同意意見の中で、大学の任務は、思索、実験、創造のために最も適した雰囲気を提供することであるとし、そのためには、何をどのように教授し、だれに研究を認めるかを大学自身で決定できなければならないとし、大学の自治を強調している。

大学の自治が問われる問題として、学生の入学制度の問題がある。とりわけ、一般入試では合格できないマイノリティに、特別枠を設けるなどして合格させる大学の判断に大学の自治が及ぶか問題になる。しかし、このことは同時に、特別枠の存在により不合格となった、一般入試を受けた学生の平等保護を侵害している、すなわち逆差別が行われているかが問われることになる。この問題が提起された最初の事件はディファニス事件（Defunis

v. Odegaard, 416 U.S. 312（1974））とされ、ここではA大学のロースクールのマイノリティ・プログラムが逆差別にあたるかが問題となった。

多数意見は、本件においては訴えの利益は消滅したとし、本案についての判断をしなかったが、ダグラス裁判官は本案に関する意見を述べている。すなわち、入試制度をいかなるものとするかは本来大学が判断すべきで、裁判所はこれを尊重しつつ憲法判断を行うべきである。本件では、大学は、客観テストの得点を絶対的とせずに、他の要素、とりわけ人種を考慮して入試の合否を判定しているが、このことは大学の裁量の範囲であるとした。ダグラス裁判官は、人種差別というハンデに照らしてその得点を評価しようとする大学の方針を積極的に判断している。入試制度において「人種も考慮しうる」という考え方は、その後の判例にも引き継がれていく。

1　医学校入学試験における特別枠と逆差別──バッキー事件──（Regents of the University of California v. Bakke, 438 U.S. 265（1978））

●──事実の概要

A州立大学メディカルスクールでは開校当初、一般入試では黒人の合格者がいなかったので一〇〇名中一六名まで黒人の合格を認めた（特別入試）。Bは白人学生であるが、二年連続一般入試で不合格とされ、いずれの年も特別入試で合格した黒人よりも高い得点をマークしていた。そこで、自らの合格を大学に認めさせるべく訴訟を提起した。

原審は、特別入試制度は修正一四条に違反すると判断した。最高裁は、見解がわかれているが、パウエル裁判官がjudgmentをアナウンスしている。ポイントは二つあり、一つは特別入試制度は不法であり、Bの入学を認めるよう命令したこと、もう一つは、入試制度における人種の考慮を必ずしも否定していないということである。

● 判　旨

人種に基づく区別はいかなるものであれ、本来的に平等違反の疑いがもたれる。多数派である白人も、様々な少数派から成っている。いかなるグループが裁判所の手厚い保護を受け、あるいは受けないかを判断する原理は存在しない。そこで、最も厳しい司法審査が求められる。

本件入試制度のように、裁判所が違憲の疑いをもって審査した場合、これをパスするためには、目的が憲法上許容できること、区別が目的達成のために必要であることを州が証明しなければならない。

大学の多様性をはかるという「目的」は正当である。多様な学生を確保することは教育上の利益となる。この利益は修正一条に由来するアカデミック・フリーダムに基づく、学生選択の自由ともかかわりをもつものである。しかし、このことは、特別入試制度という「手段」を正当化するものではない。人種は「多様性」の一つの要素にすぎず、入試においてこれのみに焦点を絞ることは許されないからである。

パウエル裁判官は、学生の「多様性」を確保しようとすることは大学の自治の範囲であるとしつつも、本件の特別枠制度は、人種に基づく区別を行っており、この場合には厳格な司法審査が求められるとしている。そこで、「多様性」確保の一要素として人種を考慮する入試制度は自治の範囲であるとするのが次の事件である。

2　ロースクールにおける入試基準の一要素としての人種—グラッター事件—（Grutter v. Bollinger, 539 U.S. 306（2003））

● 事実の概要

A州立大学ロースクールでは、様々な背景・知識を有する学生を募集し、入試において客観テストは重視されるが、高得点でも合格は保証されず、逆に低得点でも不合格に直結しない。推薦状、学部での専攻、ロースクールでの活動についてのエッセイ等に基づいて判定される。その考慮要素の一つとして人種が含まれ、さらに、一定の人種がロースクールで活動するために最低限度必要な人数を確保すべきことについての考慮がなされていた。最高裁は、この入試制度を合憲と判断した。

●——判　旨

人種に基づく区別が問題になった事件においては、厳格審査がなされる。すなわち、その区別はやむにやまれぬ政府の利益を促進するとの「目的」のために必要であり、かつ、狭く限定された「手段」でなければならない。本件における「多様な学生の確保」はやむにやまれぬ「目的」である。その理由は、大学がその任務を遂行するためには、思想の活発な交換に最も貢献できる学生を選抜・入学させなければならない。そのために多様性・人種についての考慮がなされているからである。また、大学がこの使命を果たすために、大学には憲法上の伝統として「自律」が認められ、その一環として学生選択の権利が大学に認められる。この点については、大学の専門性が認められ、その教育上の判断に対して裁判所は伝統的に敬譲を示してきた。

厳格審査においては、「手段」は「目的」を達成するために具体的で狭く定められたものでなければならない。人種を考慮したプログラムにおいて「割当制」を採用するならば厳格審査をパスできない。ある望ましい性質を有するカテゴリーに入る受験者を、他の受験者すべてとの競争から免除することは許されない。本件入試制度は、「割当制」はとられず、人種は柔軟に、機械的でない方法で考慮され、合否判定の一要素とされているだけである。

第２節　裁判の公開

憲法八二条一項は、裁判の公開を規定しているが、これは客観的な制度としての保障とされている。したがって、各人が現実に法廷を傍聴できるのは人権としてではなく、制度としての公開の効果によってである。そこで、傍聴が拒否されそのことが八二条一項に違反する場合であっても、具体的審査制のもとでは裁判救済を受けることができない。そこで、傍聴権に関して各人は、自らに保障された人権への侵害とその救済を求めることになる。二一条一項の表現の自由とその解釈から導き出される、情報へのアクセスである。

1　制度保障としての裁判の公開と人権としての法廷内メモ（最大判平成元・三・八民集四三巻二号八九頁）

●事実の概要

アメリカB州の弁護士Aが研究目的から公判を傍聴していたところ、報道機関には認められていたメモをとることを禁止された。これが違法な公権力の行使にあたるとして国家賠償法に基づいて損害賠償を請求した事件である（この事件の詳細については本書九二頁参照）。

●判　旨

（1）　人権としての裁判の公開

「憲法八二条一項……の趣旨は、裁判を一般に公開して裁判が公正に行われることを制度として保障し、ひいては裁判に対する国民の信頼を確保しようとすることにある。裁判の公開が制度として保障されていることに伴い、各人は、裁判を傍聴することができることとなるが、右規定は、各人が裁判所に対して傍聴することを権利として要求できることまでを認めたものでない」。

（2） 表現の自由と情報へのアクセス

「憲法二一条一項の規定は、表現の自由を保障している。そうして、各人が自由にさまざまな意見、知識、情報に接し、これを摂取する機会をもつことは、その者が個人として自己の思想及び人格を形成、発展させ、社会生活の中にこれを反映させていく上において欠くことのできないものであり、民主主義社会における思想及び情報の自由な伝達、交流の確保という基本的原理を真に実効あるものたらしめるためにも必要であつて、このような情報等に接し、これを摂取する自由は、右規定の趣旨、目的から、いわばその派生原理として当然に導かれる」。

以下は、主として傍聴人のメモについての判断であるが、裁判の公開を含めた訴訟運営に関する裁判長の裁量を重視する判断を示している。

（3） 訴訟運営における裁判長の裁量

「法廷を主宰する裁判長……には、裁判所の職務の執行を妨げ、又は不当な行状をする者に対して、法廷の秩序を維持するため相当な処分をする権限が付与されている……法廷警察権は、法廷における訴訟の運営に対する傍聴人等の妨害を抑制、排除し、適正かつ迅速な裁判の実現という憲法上の要請を満たすために裁判長に付与された権限である……その行使は、当該法廷の状況等を最も的確に把握し得る立場にあり、かつ、訴訟の進行に全責任をもつ裁判長の広範な裁量に委ねられて然るべきものというべきであるから、その行使の要否、執るべき措置についての裁判長の判断は、最大限に尊重されなければならない」。

裁判の公開と取材活動の限界が問題になった事件があるので紹介する。

2　裁判の公開と取材活動の限界――北海タイムス事件――（最大決昭和三三・二・一七刑集一二巻二号二五三頁）

事実の概要

A新聞社の写真班Bは、ある強盗殺人事件の公判を取材するために新聞記者席に居合わせた。事前に、公判開始後の公判廷の写真撮影を認めないとの説明があったにもかかわらず、公判開始後、被告人が証言台に立つや、裁判官の制止に従わず、記者席を離れ、写真機を携帯して、裁判官席の設けられている壇上に登り被告人の写真を撮影した。この行為が法廷等の秩序維持に関する法律二条一項に違反するとして、過料に処せられた。Bは、この処分は報道の自由を侵害すると主張した。

判　旨

「憲法が裁判の対審及び判決を公開法廷で行うことを規定しているのは、手続を一般に公開してその審判が公正に行われることを保障する趣旨にほかならないのであるから、たとい公判廷の状況を一般に報道するための取材活動であつても、その活動が公判廷における審判の秩序を乱し被告人その他訴訟関係人の正当な利益を不当に害するがごときものは、もとより許されない」。

裁判の公開という制度保障と取材活動とは、その方向を同じくするが、公開という制度の目的はその審理が公正に行われることを実現するための一つの手段であり、審理の公正を妨げるような報道表現の自由の行使は認められないとした。

裁判を公開することにより証人らに心理的な圧迫をもたらし、このことが証言への萎縮的効果を生ずることが懸念されていた。そこで、傍聴席及び被告人との間にパネルなどの遮へい物を置き、また、別室から映像・音声により証言させるビデオリンク方式など、証人への負担を軽減する措置がとられるようになった。しかし、このことが裁判の公開を保障する憲法八二条に違反するとの主張がなされたが、最高裁はこれを退けている。

3 裁判の公開と証人保護（最一判平成一七・四・一四刑集五九巻三号二五九頁）

●事実の概要

被告人は、かつて自分と交際していた女性と駆け落ちした友人への恨みを晴らそうとして、刑務所を満期出所してまもなく、その友人を尋ねたが、初対面のその妻に暴行を加えて傷害を負わせ、更に強姦に及んだとされた。被告人は、一貫して傷害及び強姦の事実を争っていたため、証人には、被害を受けた状況、その経緯等について詳細な供述が求められることが予想されていた。

●判　旨

「刑訴法一五七条の三は、証人尋問の際に、証人が被告人から見られていることによって圧迫を受け精神の平穏が著しく害される場合があることから、その負担を軽減するために……裁判所が、被告人と証人との間で……相手の状態を認識できないようにするための措置を採り、同様に、傍聴人と証人との間でも、相互に相手の状態を認識できないようにする……また、同法一五七条の四は、いわゆる性犯罪の被害者等の証人尋問について……証人が受ける精神的圧迫を回避するために、同一構内の別の場所に証人を在席させ、映像と音声の送受信により相手の状態を相互に認識しながら通話できる方法によって尋問することができる」。

「傍聴人と証人との間で遮へい措置が採られ……ビデオリンク方式が採られても、審理が公開されていることに変わりはないから……憲法八二条一項、三七条一項に違反するものではない。また……遮へい措置が採られた場合、被告人は、証人の姿を見ることはできないけれども、供述を聞くことはでき、自ら尋問することもでき、さらに、この措置は、弁護人が出頭している場合に限り採ることができるのであって、弁護人による証人の供述態度等の観察は妨げられないのであるから……被告人の証人審問権は侵害されていない……ビデオリンク方式［の］……場合には、被告人は、映像と音声の送受信を通じてであれ、証人の姿を見ながら供述を聞き、自ら尋問することができる……被告人の証人審問権は侵害されていない」。

アメリカの判例

裁判の公開に関して、アメリカでは制度保障という考え方はとられず、刑事被告人の公開裁判を求める権利および表現の自由の保障を根拠として議論される。後者については、修正一条により、一般人の法廷傍聴権が、歴史的、論理的に憲法上認められるとされている。しかし、この傍聴権は、裁判当事者等の人権、とりわけ未成年者のプライバシー等と衝突する。この調整をいかに行うかが問題になっている。

裁判の公開と未成年被害者の保護（Globe Newspaper Co. v. Superior Court for the County of Norfolk, 457 U.S. 596（1982））

●事実の概要

A州法においては、一八歳以下の犠牲者が含まれる特定の性犯罪について、その犠牲者が証言している間は、裁判官は、報道機関と一般公衆に法廷から退出を求めるものとされていた。この法律に従って、未成年者に対する性犯罪が問題になっていたある裁判の法廷が非公開とされたが、これの差止め命令を求めてB新聞社が訴えを提起した。

●判旨

報道機関および一般公衆の刑事法廷へのアクセス権について、修正一条は明文によっては規定していない。しかし、この権利は、次の二つの理由から認められている。一つは、刑事法廷は、歴史的に、報道機関と一般公衆に公開されてきた。この国の歴史を通して、連邦、州、カウンティのいかなる裁判所においても、非公開で刑事裁判が行われた事例は一件たりとも存在しない。もう一つは、刑事裁判へのアクセス権は、裁判過程および政府全体の機能にとって重要な役割を果たしている、ということである。公衆が刑事裁判を監視することにより、事実認定の過程の質を高め、その完全性を確保する。公正さについての透明性が維持され、裁判過程への敬意を高めることは、自己統治にとって不可欠の要素であり、裁判への参加とチェックの役割を果たすことになる。

確かに、憲法上の権利も絶対ではないが、報道機関と一般公衆が退廷させられ、この権利が制限される場面は限定的でなければならないし、その理由も重大なものでなければならない。本件では、センシティブな情報の開示を防止するために報道機関・傍聴人のアクセス権が否定されていたが、これが認められるためには、やむにやまれぬ政府利益の必要性があり、この利益を得るために狭く限定的な制約であることが示されねばならない。

ここで主張されている政府利益は、性犯罪の犠牲者である未成年者をさらなるトラウマや当惑から保護し、そうした未成年者からも真実について信用できる証言を得ようということである。未成年者の身体、精神の福祉を守るという政府利益はやむにやまれぬ利益である。

しかしながら、この政府利益を達成するため狭く限定的な手段が用いられているとはいえない。州法は、強制的な非公開裁判を規定しているが、未成年者の福祉を守るために非公開裁判が必要であるかどうかは、ケース・バイ・ケースで判断する必要がある。すなわち、年齢、精神的な成熟度、理解力、犯罪の性質、被害者の希望、両親・親族らの利害等である。それにもかかわらず、州法は、たとえ被害者が非公開裁判を希望せず公開によって傷つくことがないような場合にも非公開を求めている。これは、州政府の利益を達成するために狭く限定的な手段が用いられているとはいえない。

●――バーガー首席裁判官の反対意見（レンキスト裁判官同調）

歴史的に、未成年犯罪者をわが国は保護してきた。すなわち、名前の公表を控えさせ、その法廷と記録とを、報道機関と一般公衆には非公開としてきた。しかし、多数意見は、未成年犯罪者ではなく、未成年被害者を保護する法律を違憲と判断した。未成年犯罪者の裁判手続すべてを非公開とすることを州法は認めているが、被害者の未成年者を保護するために刑事手続の一部を非公開とすることは認められないことになった。

基本文献の案内

1　教科書・体系書

芦部信喜著、高橋和之補訂『憲法』〔第七版〕岩波書店、二〇一九年
大石眞『憲法講義Ⅰ〔第三版〕』有斐閣、二〇一四年
大石眞『憲法講義Ⅱ〔第二版〕』有斐閣、二〇〇九年
佐藤幸治『日本国憲法論』〔第二版〕成文堂、二〇二〇年
高橋和之『立憲主義と日本国憲法』〔第四版〕二〇一七年
辻村みよ子『憲法』〔第六版〕日本評論社、二〇一八年

2　コンメンタール

辻村みよ子＝山元一編『概説憲法コンメンタール』信山社、二〇一八年
長谷部恭男編『注釈日本国憲法（三）』有斐閣、二〇二〇年

3　憲法訴訟

高橋和之『体系憲法訴訟』岩波書店、二〇一七年
君塚正臣『司法権・憲法訴訟論　上・下』法律文化社、二〇一八年
駒村圭吾『憲法訴訟の現代的転回――憲法的論証を求めて――』日本評論社、二〇一三年
新正幸『憲法訴訟論』〔第二版〕信山社、二〇一〇年
市川正人『司法審査の理論と現実』日本評論社、二〇二〇年

4　判例研究

戸松秀典＝初宿正典編『憲法判例』〔第八版〕有斐閣、二〇一八年
中村睦男ほか編『教材憲法判例』〔第五版〕北海道大学出版会、二〇二〇年
長谷部恭男ほか編『憲法判例百選Ⅰ・Ⅱ』〔第七版〕別冊ジュリスト、有斐閣、二〇一九年
横大道聡編著『憲法判例の射程』〔第二版〕弘文堂、二〇二〇年

5　アメリカ憲法

阿川尚之『憲法で読むアメリカ現代史』NTT出版、二〇一七年
阿部竹松『アメリカ憲法』〔第三版〕成文堂、二〇一三年
大沢秀介＝大林啓吾編『アメリカ憲法判例の物語』成文堂、二〇一四年
松井茂記『アメリカ憲法入門』〔第八版〕有斐閣、二〇一八年

6　比較憲法

君塚正臣編著『比較憲法』ミネルヴァ書房、二〇一二年
辻村みよ子『比較憲法』〔第三版〕岩波書店、二〇一八年
村田尚紀『比較の眼でみる憲法』北大路書房、二〇一八年

事項索引

サ　行

タ　行

判例索引（日本）

判例索引（アメリカ）

P

R

S

U

W

著者紹介

宮原 均（みやはら ひとし）
東洋大学法学部教授
昭和三三年 埼玉県戸田市に生まれる
昭和五七年 中央大学法学部法律学科卒業
平成元年 中央大学大学院博士後期課程単位取得満期退学

〔主な著書〕
『日米比較・憲法判例を考える［人権編・改訂第二版］』（単著、八千代出版、平成三〇年）
『スポーツの現代的課題—哲学・キャリア・グローバルの視点から』（編・著、東洋大学現代社会総合研究所、平成三一年）

〔主な論文〕
「英米の憲法史と違憲立法審査権」（作新総合政策研究七号、平成一九年）
「アメリカにおける適用審査と文面審査」（比較法制研究三一号、平成二〇年）
「行政上の制裁金（課徴金）と二重処罰の禁止」（明治学院大学法科大学院ローレビュー九号、平成二〇年）
「議員の免責特権に関する若干の考察」（東洋法学五四巻三号、平成二三年）
「法令の憲法判断を求める当事者適格」（東洋法学五七巻三号、平成二六年）
「先例拘束についての一考察」（中央ロー・ジャーナル一一巻三号、平成二六年）
「カナダにおける立法事実」（東洋法学六一巻一号、平成二九年）

日米比較 憲法判例を考える【統治編・改訂第二版】

一九九九年 五月一〇日 第一版一刷発行
二〇一二年 九月二五日 改訂版一刷発行
二〇二一年 四月一二日 改訂第二版一刷発行

著　者 宮 原 均
発行者 森 口 恵美子
印刷所 神 谷 印 刷
製本所 渡 邉 製 本

発行所 八千代出版株式会社
東京都千代田区神田三崎町二-二-一三
電　話 〇三（三二六二）〇四二〇
ＦＡＸ 〇三（三二三七）〇七二三
振　替 〇〇一九〇—四—一六八〇六〇

ISBN978-4-8429-1798-6